Sois ta meilleure Amie! ♡

Sommaire

Accepter d'être vulnérable et se pardonner

Être enfin sa meilleure amie !

Ce que la vie m'a appris…

Préface

$\mathcal{L}$a vie est toujours si surprenante !

Il y a quelques années, au cours d'une conversation avec Josée, je lui ai dit : «Sois ta meilleure amie», une phrase que je me répète souvent moi-même, car comme la plupart d'entre vous, je suis parfois d'une dureté remarquable envers moi-même !

Nous sommes d'une empathie et d'une compréhension profondes à l'égard des faiblesses des autres, que nous tentons même d'aider de notre mieux, mais devant nos propres faiblesses, nos manques, nos failles, notre fragilité, notre allure physique, nous pouvons parfois manifester une extrême intransigeance !

Pourquoi ne pas agir avec nous comme nous le ferions pour notre plus grande amie ? Il me semble que l'amour de soi trace le chemin vers une plus grande harmonie. Je vois encore Josée me dire : «C'est beau ça !» mais je n'aurais jamais soupçonné que ces petits mots, «sois ta meilleure amie», deviendraient aussi inspirants pour elle!

Je suis encore étonnée et touchée de l'écho que cette pensée toute simple a produit chez Josée! C'est formidable de penser que chacun de nous peut déclencher chez l'autre une transformation intérieure et une démarche qui orienteront le parcours de son existence. Cette idée me remplit de joie et me prouve que dans la vie, nous pouvons toujours aller vers plus de lumière, celle qui est en nous et qui rejaillit sur l'autre.

Je sais que le plus grand désir de Josée est de communiquer son amour de la vie aux autres grâce à ses conférences.

Je te souhaite, ma belle, de continuer ta route vers l'amour de soi et de contaminer à ton tour le plus de gens possible! xxx

GUYLAINE TREMBLAY
Comédienne

S'ouvrir aux autres

Chapitre 1

La confiance en soi

Sous des airs de femme hyper confiante, j'ai souvent connu mes moments de faiblesse. Je vous l'avoue par souci de transparence : en fait, je souffre du syndrome de l'artiiiiiste. ☺ Je manque de confiance en moi, je doute beaucoup et je me remets souvent en question. La peur de ne pas être aimée et le besoin d'être acceptée m'ont souvent poussée à démontrer mon « gros front de bœuf ». Avec l'humour, tout ou presque passe. Manifester une totale confiance en soi, ça marche. Mais cela a un prix. Plusieurs personnes interprètent cette assurance comme de la condescendance ou même de la vantardise.

En réalité, j'ai souvent affiché un air effronté et presque baveux, cachant par ce subterfuge une lacune sur ce plan. Le plus souvent, ça fonctionnait, mais parfois aussi, ça me nuisait. Les gens ont souvent perçu une femme trop sûre d'elle-même, voire imbue de sa personne. Je crois qu'ils n'ont pas su discerner ce moyen de défense auquel je recourais. Aujourd'hui, je suis beaucoup plus vraie.

Je suis plus proche de mes sentiments et de mes émotions. En fait, j'ai compris qu'être authentique, c'est aussi parler avec franchise de ses peurs et dire ouvertement le malaise qu'on éprouve dans une situation donnée. Cela étant, on dirait que les gens me comprennent mieux maintenant, que le public voit la vérité. Quand je suis à l'aise dans un univers donné, c'est là que j'excelle. Je blague, je m'amuse et je peux montrer différentes facettes de ma personnalité. De passage à l'émission *En mode Salvail*, j'ai reçu plusieurs commentaires qui relataient cette confiance «vraie» chez moi. Dans une courte entrevue de huit minutes, j'ai plaisanté, fait de l'autodérision, mais j'ai aussi parlé de mon rôle de mère et de la nouvelle corde à mon arc que je viens d'ajouter en devenant conférencière.

Auparavant, je me serais efforcée de parler avec emphase, d'avoir du punch, misant sur des phrases percutantes, lancées avec dynamisme; alors que là, je suis demeurée naturelle et surtout moins vindicative qu'il y a quelques années. Comprenez bien qu'en entrevue, je ne serai jamais une invitée zen, mais il y a quand même dans mon ton un lâcher-prise qui me fait simplement sentir bien.

Avoir confiance en soi, c'est d'abord se connaître et connaître ses propres limites. Avoir confiance en soi, c'est oublier le plus possible le jugement des autres et oser être soi. Facile à dire, mais difficile à accomplir!

Je pratique un métier formidable où logiquement nous rêvons d'être aimées par le plus grand nombre de gens possible, mais il faut comprendre que tous ne peuvent apprécier notre propre nature. C'est un fait. Ouais, pis? ☺

Avoir confiance en soi, c'est connaître ses forces comme ses faiblesses. C'est faire preuve de la plus grande lucidité qui soit. Quand on se connaît bien, on a une bonne idée de ses limites et on peut choisir son «terrain de jeu». Choisir de montrer ou de ne pas dévoiler ses faiblesses. Une chose est certaine, en tout cas: les gens nous remarquent beaucoup moins qu'on le croit. Ne mettez pas le doigt sur vos défauts, exploitez plutôt vos forces. N'attirons pas l'attention des gens sur nos failles… Mettons plutôt à profit ce qui nous rend inté-ressante.

Être sa meilleure amie...

C'est plus facile à dire qu'à faire. Cette suggestion d'une simplicité désarmante m'a fait vibrer dès que je l'ai entendue la première fois. J'animais à la radio, à Rythme FM, et Guylaine Tremblay était ma coanimatrice ce midi-là. De façon bien anodine, j'ai dit tout haut: «Ah! Que je suis niaiseuse de penser cela…» J'oublie le contexte dans lequel je me suis permis de dire ça. Mais ce qui m'a marquée, c'est que Guylaine s'est empressée de me reprendre à sa façon: «Josée, ne sois pas si dure avec toi-même, SOIS TA MEILLEURE AMIE.»

Ces paroles m'ont tout de suite vivement émue. Combien de fois on s'autoflagelle dans une seule journée? Combien de fois sommes-nous trop intransigeante et sévère envers nous-même! Nous entretenons notre culpabilité malgré le fait qu'on se donne bien souvent à 100 %, peu importe dans quelle sphère de notre vie. On se traite de tous les noms, on s'autodispute!

Je propose de prendre une voie beaucoup plus positive, celle de l'autocompassion[1]. Je suggère que chaque personne qui lit mon ouvrage porte un regard empathique sur elle-même. Un regard rempli d'affection et de compréhension… le regard d'une meilleure amie, pour soi.

⟜

Une amie, c'est quelqu'un qui connaît
tous vos défauts et qui vous aime quand même.

⟜

La lucidité

Comme je l'ai précisé, je m'estime heureuse d'occuper un emploi où je suis près du public. Ainsi, je ne travaille pas dans l'ombre comme la plupart des gens. Je suis donc sujette à me faire aborder dans la rue et à l'épicerie, parce que des personnes ont l'impression de me connaître.

---

1. Kristin Neff, *S'aimer: Comment se réconcilier avec soi-même*, coll. L'esprit d'ouverture, Paris, Éditions Belfond, 2013, 325 pages.

Cela dit, dans le langage de notre métier, je suis un « B ». Un « B », c'est une personnalité connue, mais pas tant que ça… une personnalité qui peut passer complètement incognito…

Souvent, les gens du public ne sont pas certains que c'est moi qu'ils croisent. Je suis persuadée que quelques-uns ont déjà perdu des gageures en s'obstinant… « Cout' donc, c'est-tu elle ? »

J'exerce cette profession depuis 25 années, j'ai touché à plusieurs sphères médiatiques. Je roule depuis tout ce temps et pourtant, mon nom ne colle pas à ma face dans l'opinion du public. Pourquoi ? Parce que je suis une deuxième. Mais une bonne deuxième. ☺

En côtoyant Véro (Véronique Cloutier, une « A+ » ☺), j'ai constaté que je suis bien dans mon rôle de bonne deuxième. En étant une coanimatrice efficace, je me sens bien et tout à fait à ma place sur mon X. Je suis encore mieux quand je « passe la *puck* pour scorer des buts ».

Un jour Véro, avec qui j'ai vécu cinq merveilleuses années de coanimation radio, m'a dit que ma plus grande qualité était la lucidité. J'avoue que je m'attendais à autre chose. J'aurais aimé qu'elle me dise que je suis généreuse, intelligente, spontanée, vive… Ça me ressemble, non ?

Au lieu de cela, je suis lucide. Voilà ma qualité première dans le livre de Véro. Être lucide, c'est être consciente de sa valeur, c'est porter un regard éclairé sur soi, c'est être perspicace. Véro a perçu cette facette de ma personnalité puisque, plus souvent qu'à mon tour, j'ai été confrontée à ma réalité d'animatrice par opposition à la sienne.

J'aurai animé aux côtés de notre splendide A+ pendant cinq années à Rythme FM. Véro est une sorte de grand chêne… le plus charismatique de nos arbres. ☺

À l'ombre de ce grand chêne, j'ai su trouver ma propre lumière.

Peu importe notre métier ou profession, nous avons tous la capacité de nous démarquer et de nous faire remarquer. Laisser sa trace, voilà un objectif bien légitime pour chacun. Être aimé et apprécié, c'est valorisant et ça procure mille possibilités de se réaliser au maximum.

⌒

Aimer ce qu'on a, ce qu'on est,
plutôt que de se comparer, c'est grandir et s'épanouir.

Nous avons tous un talent, notre essence propre.
Il faut découvrir ce que nous sommes en toute lucidité
*afin de trouver le **X** sur lequel nous pouvons rayonner.*

⌒

Savoir accepter un compliment

Dans l'optique où je vous propose *Sois ta meilleure amie*, je me questionne sur le réflexe si commun à bien des gens quand on les complimente. Ce réflexe de repousser la gentillesse des autres à notre égard; de croire que ce n'est pas pour soi. Cette réaction si éteignoir qui fait, au bout du compte, deux perdants, alors que tout le contraire pourrait se produire. Et si on adoptait la bonne attitude quand une personne nous complimente? Et si on savait accueillir un compliment?

Quand une personne note un aspect positif sur soi, il arrive qu'elle ne garde pas ses réflexions uniquement pour elle et qu'elle ait la gentillesse de nous les transmettre. Pourquoi lui enlever sa crédibilité en niant ses réflexions ou, pire encore, en faisant semblant de rien? Comme l'écrit Alain Samson: «Un compliment bien reçu fait deux gagnants.» Et davantage, si on extrapole jusqu'aux suivants qui vont tirer profit des remarques d'un «faiseur de bien» qui se sent à son tour valorisé.

Notre «capacité d'accueillir un compliment a un impact direct sur notre estime personnelle. Elle fait grandir notre sentiment de valeur personnelle. Et cette hausse entraîne l'augmentation de notre optimisme» (Alain Samson, «Bien recevoir les compliments», chronique «Au boulot!», *Métro Montréal*, 27 octobre 2013).

Alors, comment s'y prendre pour recevoir les compliments? Olivia Fox Cabane, conférencière américaine, pense que le compliment s'accepte en quatre étapes. Les voici:

> ❿ «Premièrement, arrêtez ce que vous faites. Ce qui vient de se passer est sérieux. Ça vaut la peine de ne pas le passer sous silence.

- « Deuxièmement, pendant une seconde, absorbez le compliment. Prenez le temps de l'assimiler. On vient de vous dire quelque chose d'important.

- « Troisièmement, laissez cette seconde d'assimilation paraître sur votre visage. Prouvez à la personne qu'elle a eu un impact positif sur vous.

- « Finalement, remerciez. Prenez le temps de dire merci sans que ça ait l'air automatisé. Regardez l'autre dans les yeux et dites merci. »

Ça semble si simple, n'est-ce pas ? Aujourd'hui, alors que nous sommes tous rivés sur nos téléphones intelligents et nos médias sociaux, il n'est pas si facile de regarder les gens droit dans les yeux et de dire merci.

Peu à peu, en vous exerçant bien, les vieux réflexes vont se dissiper et vous saurez recevoir les compliments… et ainsi devenir *votre meilleure amie* !

*Faites des compliments aux gens.
Je vous propose de nourrir leurs forces
et non leurs faiblesses.*

Adieu les « téteux »

Je suis une femme enthousiaste et chaleureuse. Je dis ce que je pense le plus souvent possible, et lorsque je suis heureuse, je déborde d'entrain.

Lorsque nous sommes revenues au micro de la radio de Rythme FM en août 2009, Véronique et moi, notre première intervention aux *Midis de Véro* traduisait bien notre plaisir de nous retrouver.

Il faut comprendre que même si on se voyait quotidiennement pour la radio, nous avons été très proches professionnellement, sans cependant nous côtoyer hors du travail. Après deux mois de vacances estivales, nous avions évidemment beaucoup de choses à nous raconter et de beaux mots à nous dire.

On se dit belles et en forme, resplendissantes et reposées… Comme deux bonnes amies, on ne tarit pas d'éloges l'une envers l'autre, et la saison de radio repart tout doucement.

Après ce retour en ondes, j'ai reçu un courriel de fiel d'une prénommée Diane. (Bonjour Diane, peut-être que vous me lisez en ce moment, sait-on jamais ?)

Diane m'écrit avec hargne : « Maudit que t'es téteuse. Plus capable de t'entendre lui lécher le cul. Tu me tapes tellement sur les nerfs que je m'en vais écouter une autre radio […] »

Ce courriel, comme tous les courriels négatifs que je peux recevoir, m'est rentré dedans. On fait un métier public, les médias sociaux et cette proximité nouvelle nous permettent d'être en contact avec tout le monde, gentil ou pas.

Je suis revenue au micro en lisant cet envoi de Diane. La moutarde m'est vite montée au nez et je me suis rapidement demandé ce que ça me faisait en dedans. Vous savez quoi? J'ai compris que le mot *téteux* m'énerve depuis déjà un bon moment. Combien de fois entendons-nous cela… téteux!

Souvent, des gens veulent seulement être gentils et ils se font rabrouer avec cette expression devenue beaucoup trop populaire. Être téteux, dans la tête des gens, c'est vouloir obtenir une faveur en échange de gentillesses mielleuses. Répondre «tu es téteux» quand on reçoit un compliment, ça marque souvent une gêne, une façon de ne pas assumer notre plaisir d'être apprécié. N'empêche que rien n'est positif avec ce mot vulgaire que j'ai décidé, par un beau midi de 2009, de bannir à tout jamais de mon vocabulaire.

Le flot de courriels qui a suivi ma seconde intervention m'a vite rassurée sur ma façon de faire de la radio. Le public, en général, aime les gens gentils et vrais. Je vous parle derrière un micro depuis si longtemps, que je sais que l'ensemble de mon auditoire est composé de personnes bien intentionnées, sensibles et vraies. Maintenant, laissez cette timidité de côté et ouvrez grand votre cœur quand on vous adresse des mots gentils. Ne laissez pas le mot *téteux* éteindre une petite flammèche d'affection qui vous était destinée.

Je n'ai pas eu d'autres nouvelles de Diane, mais je tiens à la remercier de son commentaire, même si je ne partage pas son opinion. J'ai compris que si on essaie de plaire à tous, on devient justement... téteux. Vouloir plaire à chacun est une façon de perdre son identité.

⁓

Il vaut mieux être détesté pour ce que l'on est, qu'être aimé pour ce que l'on n'est pas.

Le mot préjugé le dit bien... c'est juger avant de connaître.

⁓

Se dévoiler
peu à peu

CHAPITRE 2

La culpabilité

Je n'ai jamais compris pourquoi le mot *culpabilité* s'écrit avec un seul *e* à la fin. D'abord on dit «LA» culpabilité et c'est aussi tellement féminin. J'aurais vraiment écrit «culpabilitée». Mais comme je choisis mes combats, j'arrête ici d'argumenter sur ce point.

N'empêche que la culpabilité prend une large place dans le cœur de beaucoup de femmes. Selon plusieurs études, les femmes sont plus sensibles que les hommes. Elles sont donc plus enclines à se faire manipuler sur le plan émotionnel. Je pense qu'on se sent plus coupable quand on a des enfants. On veut leur donner le meilleur de soi. On veut aussi les gâter. On veut du temps de qualité, un job valorisant dans lequel on s'épanouit. On veut être une amoureuse présente, tout en se gardant du temps pour soi. On veut TOUT. En tout cas, moi, je veux TOUT. Je ressens si souvent ce déchirement intérieur, un conflit entre ce que je ressens, ce que je veux et ce que j'aimerais donner.

Parfois, j'aimerais pouvoir me séparer en deux. Mais non. Ça ne se peut pas. Quel concept fabuleux de pouvoir être à deux endroits en même temps ! Mais à bien y songer, on n'est pas si loin de l'ubiquité, de nos jours. Les nouvelles technologies nous rendent à ce point efficace qu'on donne souvent l'impression de se trouver présente en plusieurs lieux à la fois. En étant partout à la fois, nous ne sommes peut-être nulle part, tout simplement.

La rupture

Le moment où je me suis sentie le plus coupable fut certainement le jour où j'ai décidé de rompre avec le père de ma fille aînée, Chloé. Luc est un homme fantastique, alors la tâche fut encore plus difficile à accomplir et à assumer auprès de nos proches.

Notre histoire a débuté comme la plupart des histoires d'amour, ou plutôt comme la plupart de MES histoires d'amour. Nous nous sommes connus au boulot et je suis rapidement tombée sous le charme de ce jeune réalisateur ambitieux, sympathique et admiré de tous.

Il a rapidement fait sa place à la station de télévision de Trois-Rivières où je travaillais. On s'est fréquentés environ cinq ans, quand une poussière d'ange s'est gentiment posée dans mon ventre au début de l'an 2000. Chloé est née au début novembre, cette année-là, pour notre plus grand bonheur.

C'est difficile d'écrire des choses aussi personnelles et intimes, parce que je me demande si j'ai déjà eu cette conversation avec Luc. Tout ce que je sais, c'est que notre rupture s'est peu à peu dessinée en trois ans, tout au plus.

Nous avions tous deux atteint la trentaine. Dévorés par l'ambition, nous étions incapables de refuser des offres professionnelles qui nous guideraient vers le succès dans nos carrières respectives. C'est tellement simple à résumer : nous nous sommes perdus. Notre petite fille grandissait, notre amour rapetissait. Je me dois de préciser que Chloé n'est en rien responsable de cette rupture. Même que son arrivée a réussi à souder quelque chose de très solide entre son père et moi. Nous sommes devenus des parents, un formidable duo, une équipe de gagnants… de grands amis, quoi !

Mais la ligne entre l'amitié et l'amour est extrêmement mince. Je voulais plus. En réalité, cette idée de vouloir plus s'est mise à résonner dans mon for intérieur le soir au coucher. Je me mettais au lit et ressentais ce vide immense dans mes tripes. En fait, je ressentais ce vide exactement dans le plexus solaire… entre les deux seins. C'est précis, ça, hein ?

En fait, je voyais bien que le temps me rattrapait et que la vérité en moi avait fait son chemin comme si mon corps voulait me livrer un message.

Un grand vide. Un trou noir. Un vide douloureux. Pas insupportable, quand même. Je sais que des femmes ont vécu des vides beaucoup plus profonds que le mien. Mon vide à moi faisait entendre un murmure de plus en plus audible : je me sentais seule à deux. En termes de plus en plus clairs, je me suis mise à me dire : *je veux un homme qui m'aime et qui « tripe » sur moi* – et que cela se fasse d'une façon toute simple, sans rien forcer. Rien de moins. Et même si j'avais à quelques reprises manifesté ce désir ardent à mon amoureux, rien ne se passait. On ne peut pas demander de l'amour. L'amour est là, ou il n'y est pas. C'est simple comme ça. Un jour, Luc m'a dit : « O. K., je vais faire des efforts. » Cette phrase m'a « tuée ». Je ne voulais pas d'un *chum* qui fasse l'effort de m'aimer. Je voulais un homme qui m'aime et qui se passionne pour moi. C'était si simple, au fond. Luc m'a longtemps redit qu'à sa façon, il m'aimait. Je n'étais pas aimée selon mes propres besoins, voilà tout… et cette phrase liée aux efforts pour m'aimer, c'était du déjà-vu et je ne l'accepterais pas plus à ce moment-là qu'auparavant dans ma vie.

Au fil du temps et de mes nombreuses expériences amoureuses, j'ai appris une chose que je répète dès que je sens que j'ai le droit de ne pas me mêler de mes affaires.

L'amour, au début du moins, c'est facile. On aime ou on n'aime pas. J'ai tellement rebattu de ce thème à mes amies. Les amours difficiles dès le début aboutissent rarement à des histoires magiques. Je sais bien qu'il y a parfois une part d'adaptation, mais en général, quand deux cœurs sont libres et prêts à aimer, on veut croquer dans la vie et croquer dans l'autre. Ça s'arrête là. L'amour étant un complément dans nos vies, ça devrait être possible, non ?

Les histoires trop fréquentes du gars qui n'est pas certain de vouloir s'engager, de celui qui veut prendre son temps avant de divorcer, de l'autre qui a peur de vous blesser… ha! je n'en peux plus. À ce compte-là, il y a un merveilleux roman qui résume si bien ma pensée : *He's Just Not That Into You*, de Gregory Behrendt et Liz Tuccillo. Le réalisateur Ken Kwapis l'a adapté pour en faire une comédie romantique sortie en 2009 : *Ce que pensent les hommes* (ou, au Québec : *Laisse tomber, il te mérite pas*). Un type pâmé d'amour va déplacer des montagnes pour garder celle qu'il aime. C'est simple à comprendre, non? Si ce n'est pas le cas, ce n'est pas l'amour que je recherche.

Avec un enfant, c'est plus compliqué de se séparer. L'idée de briser une famille vient nous hanter, à la fois une petite et une grande famille. Quand Luc et moi avons convenu de ne plus vivre ensemble, je dois avouer que ça n'a pas trop été difficile. Bien sûr, nous étions peinés. Mais aucun de nous deux n'a été trop frustré et nous avons su préserver le plus possible Chloé d'un grand choc. La petite était âgée de trois ans. J'ai acheté une «maison de transition». Un joli jumelé à quelques rues de notre ancienne maison, que Luc a conservée. Chaque jour, je passais devant cette future maison avec Chloé au retour de la garderie. Je lui disais alors, en mots tout simples, que c'était notre nouvelle petite maison à nous deux, et que bientôt elle aurait deux maisons : une avec papa, une autre avec maman.

Cette idée de se retirer du noyau familial nous fait cependant sentir coupables. Le plus difficile pour Luc et moi a été d'annoncer cette grande nouvelle à nos parents respectifs. Je suis allée dans ma région natale à la rencontre de mon père et ma mère pour leur annoncer notre décision. Ma mère a versé quelques larmes et mon père est allé prendre l'air. Dans son regard, j'ai senti tout le jugement qu'il portait sur moi et mes nombreuses ruptures à la chaîne. Ouch! Ça fait mal.

Je me suis accrochée à mes certitudes. La première étant que chaque fois que nous prenons une décision, cela implique des gens que nous aimons. C'est difficile de trouver la force de passer à l'action, mais au bout du compte, nous sommes aux commandes de notre vie et de notre bonheur. Peu importe ce que les gens diront et la peine que cela va leur causer, cela ne nous appartient pas. En ce qui a trait à cette rupture avec le père de ma fille aînée, il n'en demeure pas moins que j'ai pris moi-même cette décision éclairée. Je crois qu'il en serait arrivé à la même constatation tôt ou tard. Chaque pas vers notre bonheur ne dépend que de nous. À chacun ses peines. Cela n'empêche en rien l'empathie à l'égard du malheur des autres et la compréhension, quant aux dommages collatéraux qui découlent de nos décisions.

Luc et moi avions l'intime conviction que seul le temps viendrait confirmer: nous n'avions pas été des amoureux inspirés, mais nous serions des parents inspirants. Et ça s'est concrétisé! La seule phrase qui me servait de bouclier dans cette tempête de vie devant mes proches était celle-ci: «Faites-nous confiance!» Nous avons réussi. Bien sûr, il y a eu des accommodements, mais dès les premières semaines, nous nous sommes entendus sur la garde de Chloé et puis nous avons toujours fait les choix qui favorisaient son bonheur. Quand on me demande quelle est ma plus grande fierté, je réponds toujours, aussi étrange que cela puisse paraître, que j'ai vraiment bien réussi ma séparation. Il faut bien que l'expérience serve à quelque chose ! ☺ ☺ ☺

Avec le recul, j'ai compris que tout cela s'était déroulé plutôt aisément parce que, de part et d'autre, nous avions fait le bout de chemin à parcourir ensemble, Luc et moi. Je pense que les gens qui se déchirent lors d'une séparation ne sont simplement pas rendus au même épisode de notre «petite vie». L'un des deux aime encore l'autre et c'est très douloureux. Je dis toujours qu'il faut écouter sa petite voix… celle qui murmure et qui détient, au fond, la vérité. Il faut croire que ma petite voix chuchotait plus fort que celle de Luc, mais les deux n'ont pas tardé à rependre le même refrain à l'unisson : *Il n'est pas pour toi !*

Manifester
sa tendresse

Chapitre 3

Le regard que l'on porte sur les autres…

Ça fait 25 ans que je suis animatrice. Bien sûr, j'ai fait de la télé, mais j'ai surtout exercé mon merveilleux métier à la radio.

Au fil du temps, j'ai multiplié les rencontres très intéressantes et j'ai eu le privilège de côtoyer Véronique Cloutier pendant cinq années au micro de Rythme FM dans le cadre de l'émission *Les midis de Véro*.

Il y a certainement un brin de curiosité qui vous intrigue à propos de notre blonde vedette. La réponse est oui. Oui, Véro est vraiment une personne au grand cœur, eh oui, elle est d'une authenticité désarmante. Oui, c'est une travaillante, eh oui, elle est aussi comme tout le monde.

Les gens sont fascinés par le vedettariat et Véro connaît l'ampleur du privilège qui lui est accordé en étant aussi aimée des Québécois.

Véro est une femme franche, extrêmement loyale et sincère. C'est une grande amoureuse, autant de son « méri » comme elle le dit si bien, que de ses enfants, sa famille immédiate et sa famille élargie. Quand Véro aime, c'est presque pour toujours. Presque parce que, comme tout le monde, même pour Véro, les amitiés parfois s'estompent et d'autres durent. Je l'ai vue vivre des ruptures amicales à deux occasions et, dans chacun des cas, ses décisions étaient pesées et elle ne passait pas à l'action de gaieté de cœur.

Je pense que l'on peut apprendre de chacune de nos rencontres et Véro ne fait pas exception. Son passage dans ma vie m'a apporté de grands outils pour devenir une meilleure personne.

L'empathie

L'empathie, c'est la capacité de se mettre à la place des autres. La capacité de comprendre leur souffrance. Bien sûr, c'est plus facile quand on a soi-même vécu des épreuves similaires. C'est la compréhension des sentiments d'autrui. La capacité de sentir la douleur des gens, de ne pas juger leur situation et de rester neutre le plus possible dans une situation donnée. Plus une personne est empathique, plus elle est apte à pardonner, parce que son degré de compréhension de la souffrance est plus élevé.

Par moments, il ne faut pas oublier d'être aussi empathique envers soi-même pour tout le mal qu'on s'est causé et les blessures qu'on a pu infliger aux autres. Se pardonner est un cadeau d'amour envers soi. Nous sommes tous imparfaits et chacun a droit au pardon.

Véro est un être très empathique. Elle a souvent fait face à la misère et à la malchance des gens, et je crois que cela lui permet de voir à quel point elle est privilégiée dans l'ensemble de sa vie. Cela dit, tout n'a pas toujours été rose pour elle, mais elle a fait preuve d'une formidable résilience à certaines périodes de son existence.

J'ai appris à porter un regard plus empathique sur les gens grâce à l'attitude de ma coanimatrice. Sa façon de s'ouvrir aux autres, de les écouter et de les aider aussi m'a souvent touchée. Le regard que l'on porte sur les autres a le pouvoir de nourrir leur existence. Les ignorer peut faire tellement de mal. Véro a toujours été proche de son public. Peu importe de quelle couche de la société ils sont issus, ses admirateurs sont appelés par leur prénom. Ils sont considérés et respectés.

En répondant à des courriels, en serrant des mains et en étant tout simplement chaleureuse avec les gens, je ne me suis pas vraiment éloignée de ma propre nature. Je suis plus consciente que le regard que l'on porte sur les autres, cette façon de les considérer avec attention, peu importe notre identité, fait une différence. À nous de choisir de laisser une trace empathique dans le cœur des gens.

Un autre des outils que Véro m'a transmis pour devenir une meilleure personne constitue mon prochain chapitre : l'attitude A-1.

Adopter
une attitude
ouverte
et énergique

CHAPITRE 4

L'attitude A-1

Je ne sais pas si nous naissons doués ou non pour le bonheur. Du plus loin que je me souvienne, j'ai eu le cœur joyeux. J'ai connu une enfance des plus heureuses. Mes parents ont toujours maintenu un regard rempli de tendresse sur moi. On m'écoutait quand je parlais. On riait de mes blagues. On me faisait sentir importante. J'étais une enfant heureuse, insouciante, je gambadais de joie, littéralement !

J'aime chanter, je siffle, j'ai tellement le bonheur facile. J'ai compris depuis longtemps que nous n'avons pas tous la même chance dans la vie. Les épreuves de toutes sortes modifient notre façon de voir la vie et de la vivre. Certains traversent les épreuves avec une force insoupçonnée, d'autres vont s'affaisser et difficilement se relever… ou carrément abandonner.

Notre façon de faire face aux tempêtes dépend beaucoup de notre attitude. J'aime dire que l'attitude A-1 est l'attitude gagnante à adopter. L'attitude A-1, c'est cette capacité de mordre dans sa vie au moment présent. C'est essayer le plus possible de voir le bon côté des choses. C'est d'avoir confiance en ses choix et de croire qu'on peut aussi parer aux imprévus. Penser que le changement peut nous diriger vers l'amélioration, nous aider à grandir, même quand c'est déstabilisant.

Un jour, alors que j'étais en compagnie de Peter MacLeod, la direction d'Énergie a décidé de transformer notre format du midi en émission de « talk radio », ou radio interactive. La formule proposée serait davantage orientée vers des interventions verbales. Ça voulait dire que nous allions faire jouer moins de musique et avoir plus de glace pour patiner et jaser entre les chansons. Aussi fou que cela puisse paraître, je nous croyais incapables, Peter et moi, de meubler des segments de 8 à 10 minutes. Mon patron d'alors, Luc Tremblay, m'a alors donné un petit livre qui allait transformer ma vision du changement pour toujours. *Qui a piqué mon fromage?* de Spencer Johnson m'a donné un sérieux coup de main afin de m'adapter au changement. Dans ce livre, on nous demande ce que nous ferions si nous n'avions pas peur.

On nous rappelle à quel point l'autodérision est salvatrice et que le changement nous fait sentir vivant. Il faut s'adapter rapidement, il faut secouer son arbre de temps en temps.

Avec le recul aujourd'hui, je souris. Non seulement Peter et moi avons relevé ce défi haut la main, mais en plus, nous avions un plaisir fou à bavarder davantage et nos cotes d'écoute ont atteint des sommets inégalés. Il faut oser se lancer.

Adopter l'attitude A-1, c'est plonger… pour le meilleur et pour le pire. Au fond, qu'avons-nous de plus valorisant que de relever des défis et de se surpasser ? Se confiner dans ses petites habitudes, ça peut devenir drainant et négatif.

Et puis un jour, j'ai dû repenser à mon « petit fromage ». Après cinq belles années aux côtés de Véronique Cloutier à l'émission *Les midis de Véro* à Rythme FM, d'importants changements sont venus brouiller les cartes de ma paisible vie professionnelle. À l'automne 2013, Véro a changé de créneau horaire pour prendre le micro à 16 heures dans *Le Véro show*. On m'a alors offert de prendre part à l'émission du matin.

Je l'avoue, j'ai boudé pendant une semaine. ☺ Je quittais un horaire fabuleux et une coanimatrice en or. Faire de la radio sur l'heure du midi, c'est le paradis. On peut se coucher tard, se consacrer à des activités le matin et l'après-midi… Même mes enfants ne se rendaient pas compte que je travaillais ! J'étais là au réveil, à l'heure du souper… Vraiment, un horaire de rêve.

Se retrouver dans la grille de programmation du matin, je le savais pour l'avoir déjà fait, demande beaucoup de discipline. Bien sûr, on doit se lever très tôt, mais surtout, il faut se coucher le soir ! Pour accepter ce nouveau défi, je me suis vite dit qu'il fallait « bouger » mon fromage, que j'avais le privilège, après 25 ans de métier, de répondre encore une fois à un fantastique défi.

En réalité, cet horaire me convient très bien puisque j'ai encore de jeunes enfants. Leur papa s'occupe d'elles le matin alors que j'ai quitté la maison à 4 h 00. Mon emploi du temps me permet de préparer de bons repas pour ma petite famille et je me sens valorisée dans mes nouvelles fonctions. Quand je me lève le matin, une fois que le réveil a sonné, je m'assois rapidement sur le bord du lit et me dis en souriant que «le pire est fait». La radio, ça commence le matin avec une solide locomotive et j'ai la chance d'être déjà à bord du train. C'est ma mission de mettre du soleil dans les oreilles des auditeurs. Je pense que je fais bien ça. ☺

Avez-vous une attitude de gagnant ?

Des mots-clés : BOUGER SON FROMAGE / SECOUER SON ARBRE / « GROUILLE AVANT QUE ÇA ROUILLE »…

Voici les grands traits de l'attitude A-1. Vous y reconnaissez-vous ?

Avez-vous la capacité de dédramatiser ? De vivre au présent et de lâcher prise ?

Les gens qui ont une attitude de gagnant réussissent à se détacher de la souffrance des autres parce qu'ils ont conscientisé qu'elle n'est pas de leur ressort. Ils savent aussi pardonner aux autres et se pardonner à eux-mêmes. Ces gagnants savent écouter et ils avouent aussi leurs torts, sans orgueil mal placé.

Les gens dotés d'une attitude aussi positive sont spontanés, honnêtes et représentent des amis fidèles. On aime s'entourer d'eux parce qu'ils ont cette faculté d'affronter le présent avec le sourire. Surtout ils ne craignent pas l'avenir, puisque dans leur façon de voir les choses, une épreuve est un apprentissage de vie.

Une connaissance m'a déjà fait la remarque qui suit, et j'y ai prêté attention parce que ça m'amuse d'observer les gens lorsque l'occasion se présente: les gagnants, les champions de l'attitude A-1 comme je les appelle, sont toujours populaires auprès des enfants dans les réunions amicales. Les enfants auraient l'instinct naturel de ressentir la joie naturelle qui émane des propagateurs de l'attitude A-1.

Sois ta meilleure amie... Reconnais ces traits de caractère et assimile-les, ou travaille à en développer le plus possible. Cultive-les si tu les possèdes déjà.

De vrais champions

Quant à parler de l'attitude A-1, beaucoup d'exemples de gens formidables me viennent en tête.

Certains sont littéralement des héros de la vie de tous les jours, d'autres de fantastiques guerriers contre l'adversité. Ils ont en commun cette prédisposition primordiale: ils ne s'apitoient pas sur leur sort. Ils sont vrais, sincères, courageux et fidèles à eux-mêmes.

L'attitude A-1 prend son essor dans les petits détails de la vie et les grands combats d'une existence. Ma partenaire, coach d'entraînement, Élise, fait partie des champions de ce mieux-vivre. Elle côtoie des dizaines de femmes chaque semaine et les aide à prendre soin d'elles chez Énergie Cardio Boucherville/Longueuil. J'aime ce petit bout de femme qui s'adapte aux capacités et humeurs de chacune de ses clientes. Elle est toujours de bonne humeur... Y a pas un vilain rhume qui va lui faire perdre cet enthousiasme si contagieux et c'est tellement stimulant de la côtoyer.

Un jour au gym, pendant qu'elle m'accompagnait dans mon programme d'entraînement, une cliente a laissé tomber sa serviette et je me suis butée à un air bête impitoyable en lui redonnant ce qu'elle avait échappé. Bien franchement, les yeux de cette dame m'ont déstabilisée et j'ai communiqué mon impression à Élise. Que m'a-t-elle répondu ? « Ce n'est pas de cela que je me souviendrai ce soir... » Une phrase si simple et pourtant bien percutante. Combien de fois nous laissons-nous atteindre par les gestes, les mots et les attitudes de notre entourage ? Cette simple phrase m'aide, quand l'occasion se présente, à me forger un formidable bouclier contre les personnes malintentionnées. Tout bien considéré, ça me rappelle que la méchanceté d'une personne existe si et seulement si nous décidons de lui donner vie.

CE N'EST PAS DE CELA QUE JE ME SOUVIEN-DRAI CE SOIR...

Elizabeth « Lizzie » Velásquez est un exemple hors du commun de grand courage. Son histoire s'est propagée comme une traînée de poudre sur le Net dans les dernières années. Cette jeune Américaine originaire du Texas est née atteinte d'une très rare maladie qui lui laissait de minces chances de survie. Une maladie orpheline dont seulement deux autres personnes souffrent sur la planète !

Née prématurément, elle pesait un peu plus de deux livres (un kilo). Les docteurs ont été unanimes. Elle ne survivrait pas et si par miracle cela se produisait, un avenir bien sombre l'attendait. Les parents de Lizzie n'ont pas écouté le verdict de la médecine et ils ont aimé cette enfant au jour le jour. Lizzie est aveugle d'un œil et surtout, son organisme est constitué de telle façon qu'elle n'engraisse pas. Son pourcentage de gras est à zéro. Elle doit manger très souvent et consommer environ 5 000 calories quotidiennement, une quantité énorme.

Du haut de ses 5 pieds 8 pouces (1,72 mètre), Lizzie pèse à peine 64 livres (29 kilos). Bien sûr, elle a dû se battre toute son enfance pour justifier son existence et faire face à l'intimidation. Elle a su prendre sa place et réaliser une foule d'exploits, compte tenu de sa condition. Elle a fait des études poussées. Le grand déclic de son existence s'est fait devant l'ordinateur, alors qu'elle étudiait en communication.

Une petite photo en coin est apparue sur l'écran et, lorsqu'elle a cliqué dessus, elle s'est aperçue qu'il s'agissait d'un cliché d'elle ayant pour titre « La femme la plus laide du monde ». Aïe ! Quatre millions de clics pour cette photo sur la Toile. Quel choc ! Quelle douleur !

À partir de ce moment-là, elle a décidé d'aller en croisade pour aider les gens à s'accepter. À s'aimer tels qu'ils étaient en répondant à une question élémentaire, mais très révélatrice : « Qui êtes-vous ? »

Depuis sa tendre enfance, Lizzie sait très bien qui elle est. Elle a passé la majeure partie de sa vie à se justifier et à expliquer qui elle est. Cela a fait d'elle un être riche et solide, parce que chaque mot méchant, chaque mauvaise intention à son égard, sont devenus des marches qui l'ont menée jusqu'au sommet de ses plus grandes réalisations.

Elle est aujourd'hui une conférencière prolifique qui a le don de motiver. Auteure de trois livres à succès, elle incite les gens à comprendre que malgré les épreuves de la vie, il faut trouver qui on est pour marquer, à sa façon, notre existence dans ce bas monde.

Et vous ? Qui êtes-vous ?

Quelles sont vos forces ? Quand on parle de vous, que dit-on ? Que voulez-vous que l'on retienne de votre passage sur terre ?

L'idée, ce n'est pas de devenir une « star » à tout prix. Bien des gens triomphent dans le silence de leur œuvre de vie. Ils ont été eux-mêmes. Ils ont marqué le temps et des gens à leur façon.

J'avoue que je travaille à laisser ma trace dans le cœur des gens qui m'aiment. Mon amoureux, entre autres, et mes filles. Juin est le mois de ma naissance. Chaque année, je leur rebats les oreilles de la beauté des lilas, à coups de grandes exclamations. « Que j'aime les lilas ! Que j'aime leur odeur ! » Ma petite famille en entier connaît ma sensibilité pour le lilas. C'est certain que je reçois des bouquets de lilas pendant leur courte période de floraison. Hormis l'immense plaisir que cette fleur me procure, je sais ce que je fais. Je marque le temps. ☺ Quand je ne serai plus ici, les lilas sentiront maman. J'appelle ça prendre sa place dans le cœur de ceux qu'on aime. Marquer le temps. Imprégner les gens. Définir l'âme qui m'habite.

Je suis une maman, une amoureuse, une amie, une animatrice, une conférencière, une auteure… grâce à vous. Et j'aime aussi les lilas !

Vous êtes qui ? Vous aimez quoi, vous ?

Ricardo le magicien

Quand je parle de l'attitude A-1, le regard limpide de mon ami Ricardo m'apparaît vite en tête. J'éprouve une grande joie de le compter parmi les gens qui m'aiment et c'est tellement réciproque.

Ça fait longtemps que j'aime cet homme. Je l'ai connu à Trois-Rivières alors que j'étais animatrice à l'antenne de Radio-Canada. Ricardo est arrivé comme une bouffée de fraîcheur à la station où il a coanimé pendant une courte période une émission en compagnie de Marguerite Blais, aujourd'hui députée pour le Parti libéral du Québec.

Ricardo Larrivée est un homme bon. Je ne vois pas de malice dans ce gars-là. Chaque personne qui entre en contact avec ce cuisinier hors pair se sent extraordinaire. Il a le don de nous faire sentir spécial, important.

Il a des idées de grandeur, c'est un beau fou. Ce gars-là est devenu LA référence en matière de cuisine familiale depuis les 10 dernières années au Québec. Le voici à la conquête du Canada, des États-Unis et de la planète. Il a le monde entier dans son assiette ! *Sky's the limit.*

Ce qui fait que ça marche dans son cas, c'est qu'il a des valeurs bien ancrées. La famille est sa très grande priorité. Ricardo a commencé à s'intéresser à la cuisine dans le but de séduire de nombreuses conquêtes. Qui a dit que seuls les hommes sont conquis par le ventre ?

Aujourd'hui marié et père de trois belles grandes filles, Ricardo a fondé un empire avec ses magazines et ses émissions de cuisine. Il a mis du temps à bâtir tout cela et le but premier de son entreprise est de donner le goût à la famille de se réunir pour savourer de bons repas ensemble. C'est aussi simple que cela.

J'aime sa devise, sans prétention et si grande à la fois : *Le meilleur me convient très bien.*

Au moment d'écrire les premières lignes de mes conférences, je lui ai envoyé un texto en lui demandant de me rappeler sa phrase magique. Il n'a pas attendu deux minutes avant de me téléphoner pour me claironner de vive voix cette phrase si motivante. Moi qui ne voulais pas déranger, je me suis sentie spéciale. Ricardo m'a simplement dit : « Voyons, ma Jo, t'es mon amie, tu mérites pas mal plus qu'une réponse par texto… ☺ »

C'est ça, Ricardo. L'attitude A-1 qui valorise les gens autour. Faire rayonner les gens, les faire sentir importants...

Au fil du temps, je peux me targuer d'avoir fait tant de rencontres enrichissantes. L'attitude des gens, celle qu'ils adoptent dans leur propre vie, c'est tellement inspirant.

Il y a quelques mois à peine, une certaine Élizabeth me contacte par courriel à la radio afin de pouvoir me rencontrer. Elle travaille sur un projet radiophonique qui lui tient à cœur et elle aimerait en jaser avec moi. La jeune femme n'en dit pas vraiment plus dans son petit mot, mais je suis certaine du sérieux de l'affaire, parce que sa présentation est soignée. Je prévois être à Québec dans la même semaine. Alors nous orchestrons une petite rencontre en quelques messages.

Le jour même de notre entretien, elle m'envoie un texto et arrive à l'avance au rendez-vous. Je lui dis que je suis au Pavillon de la Jeunesse, entrée B, mais on ne se trouve pas. Pourtant, je suis bien assise à l'endroit prévu... et elle est passée à deux reprises tout près de moi. Vous savez pourquoi on ne se trouvait pas? Parce qu'Élizabeth est en fauteuil roulant et que je ne le savais pas. Lorsqu'elle est passée une première fois avec son accompagnatrice, je l'ai vue et je me suis dit que c'était une jolie fille. De son côté, elle s'attendait à me voir dans un autre coin de l'édifice.

On s'est trouvées quand tout cela est devenu d'une évidence incontournable. Deux femmes, téléphone à l'oreille, qui conversent en disant « j'approche, j'approche »… Juste avant de se faire face. Je n'ai pas été consternée quand j'ai découvert qu'Élizabeth était une personne handicapée. J'ai plutôt été surprise et impressionnée par le fait qu'elle ne m'en ait pas glissé un mot. C'est fou, mais cette jeune femme de 21 ans se définit de plusieurs façons et parmi ces caractéristiques, oui, elle se déplace en fauteuil roulant.

Je trouve que c'est un bel exemple d'attitude A-1, ça. Elle aurait pu attirer mon attention en parlant de cette différence, mais Élizabeth est dotée d'une force beaucoup plus grande que cela : elle croit en elle. C'est une jeune femme passionnée par la radio, qui en passant, est handicapée de naissance. En écoutant l'histoire de sa vie, je n'ai pas été surprise d'apprendre que ses parents l'ont toujours traitée comme une enfant normale. Avec leur appui et sa force de caractère, Élizabeth a su développer une belle personnalité et se créer des rêves et des ambitions. Bravo ! Inspirante jeune femme !

⁓

Le Grand défi Pierre Lavoie (LGDPL)

J'ai la chance de faire partie de l'histoire du Québec. Rien de moins.

En 2013, l'organisation du Grand défi Pierre Lavoie m'a demandé de devenir son animatrice principale et j'ai accepté avec honneur de me joindre à ce groupe dynamique.

Pierre Lavoie est un triathlonien originaire de la même belle région que moi, le Saguenay–Lac-Saint-Jean. Cet homme transforme les valeurs du Québec pour une jeunesse en santé et un avenir plus prometteur. Il est l'exemple parfait de l'attitude A-1. Pierre nous incite à donner un sens à nos épreuves. Il a été lui-même rudement éprouvé.

En 1991, Pierre et sa conjointe Lynne Routhier deviennent des parents. Leur fils Bruno-Pierre naît en parfaite santé. En 1993, Lynne donne naissance à la petite Laurie. Laurie est malheureusement atteinte d'une maladie génétique orpheline, l'acidose lactique ; elle en mourra en 1997. Cette maladie héréditaire très rare touche les enfants dès leur naissance. Les enfants atteints d'acidose lactique ont très peu d'énergie et tombent très malades dès qu'ils attrapent un virus.

Un an plus tard, Pierre et Lynne saluent l'arrivée du petit Raphaël, lui aussi atteint de cette « maudite » maladie.

C'est en apprenant que le destin frappait à nouveau tragiquement sa famille, que Pierre a décidé de passer à l'action. Il a voulu faire connaître l'acidose lactique afin que des chercheurs s'y consacrent et trouvent une méthode de dépistage précoce de la maladie sur les fœtus humains.

Un bon matin de 1999, Pierre lance le Défi Pierre Lavoie. Lynne, au fil de départ, tient dans ses bras Raphaël, le cœur rempli d'espoir. Pierre enfourche son vélo seul et promet de franchir 650 km en 24 heures sur un parcours ceinturant le Saguenay–Lac-Saint-Jean afin de sensibiliser la population à l'acidose lactique. Le Défi Pierre Lavoie sera renouvelé sous cette formule en 2000, 2002 et 2005. Quant à Raphaël, il a rendu l'âme à 20 mois seulement.

En 2005, les enfants du Saguenay–Lac-Saint-Jean qui ont fait au moins 15 minutes d'activité physique par jour au cours du mois de mai ont la chance de pédaler un kilomètre avec Pierre durant son défi. Les jeunes sont si nombreux à participer que l'homme décide de lancer le défi partout au Québec. C'est le début du Grand défi Pierre Lavoie et des cubes énergie.

Le héros fait boule de neige avec sa sensibilisation dans les écoles. Après avoir atteint son objectif initial de faire connaître la maladie qui a tué deux de ses enfants, il poursuit son chemin en incitant désormais les jeunes et leurs familles à se prendre en main. Pierre veut changer le Québec de demain. Il veut que nous sachions à quel point il est important de bouger, de faire de l'activité physique. Pour Pierre Lavoie, l'éducation passe par l'exemple. En mettant sur pied le programme *Lève-toi et bouge!*, il encourage les jeunes du primaire et maintenant du secondaire à accumuler des cubes énergie et, surtout, il encourage les parents à bouger avec leurs jeunes et à changer leur mode de vie sédentaire.

Le Grand défi Pierre Lavoie est devenu, en six ans, une randonnée à vélo de 1000 km réunissant 1000 cyclistes qui relèvent ce défi à relais. Ces cyclistes proviennent de différents milieux. Chaque équipe doit amasser 10 000 $ pour y participer, mais ses membres doivent aussi parrainer une école et insuffler un vent de dynamisme aux jeunes. On veut une fin de semaine de

Grand défi inspirante, qui nous permette de croire que tout est possible.

Depuis deux ans, je me mêle à cet événement de très près et je ne peux m'empêcher d'y voir un mouvement de masse qui fait du bien. Ensemble, nous sommes si forts. Pierre donne un sens à ses épreuves et, dans l'adversité, il a foncé tête baissée. Combien de fois nous apitoyons-nous sur notre sort en pensant que la fin du monde est arrivée? Combien de fois pensons-nous que tout est terminé et qu'il n'y a plus d'espoir?

Pierre et Lynne ont toujours gardé espoir et grâce à la recherche qui a considérablement avancé, ils sont aujourd'hui les parents de leur «bébé» miracle. Joly-Ann a eu 10 ans en 2014.

Pierre Lavoie a littéralement changé la vie de ma propre famille. Mon petit frère aujourd'hui âgé de 34 ans a eu recours aux tests de dépistage précoce de l'acidose lactique. Patrice est papa quatre fois et à chacune des grossesses de son amoureuse Rachel, ils sont allés à l'hôpital Sainte-Justine pour ces tests. Leurs quatre enfants sont en parfaite santé. Merci, Pierre.

Lors du 6e Grand défi Pierre Lavoie en juin 2014, ma gorge s'est nouée quand j'ai repris le micro après le discours inspirant de Pierre Lavoie. C'était un dimanche spécial. Les cyclistes ont affronté une pluie battante tout au cours de ce week-end et les conditions étaient des plus difficiles. Ils ont été solidaires et ont prouvé que dans l'inconfort, on devient plus fort.

C'était un dimanche spécial, c'était la fête des Pères.

Partager
son enthousiasme
pour la vie

CHAPITRE 5

Aujourd'hui prépare demain

J'ai le grand privilège d'être mère trois fois. Chloé est née en novembre 2000, Anabelle en décembre 2007 et la plus jeune, Flavie, ma bombe rousse, en octobre 2010.

Mes filles sont toute ma fierté. Aussi fou que cela puisse paraître, ma plus grande réussite à ce jour demeure la relation des plus harmonieuses que j'ai su conserver avec Luc, le père de mon aînée. D'ailleurs je crois que l'on peut voir la véritable amitié dans une relation au moment de la rupture. Je tiens à remercier Luc de notre respect mutuel.

Une autre de mes fiertés, une autre parmi tant d'autres, c'est que je suis en grande forme physique et que j'ai un poids santé depuis longtemps, malgré trois grossesses assez spectaculaires !

Je n'userai pas de fausse modestie ici. Désolée de vous écorcher si vous êtes mal à l'aise avec une femme capable de reconnaître ses forces et d'assumer ses faiblesses. Si je suis capable de vous dire « Sois ta meilleure amie », c'est que j'ai commencé par appliquer ce beau grand principe à moi-même.

J'ai gagné 72 livres (32 kilos) lorsque je portais Chloé. Je sais, c'est gigantesque ! Pour ma deuxième fille, j'en ai pris 62 (28 kilos), et lors de ma troisième grossesse, j'en ai gagné une cinquantaine. C'est plus flou dans le cas de ma petite dernière, parce que je me suis contentée de dire : « Bah ! on arrangera ça après. »

Je suis une femme très active, je préconise les bienfaits de l'activité physique depuis ma tendre enfance. J'ai joué au basket-ball dès l'âge de 10 ans et plus tard au volley-ball, jusqu'à ce que je me retrouve sur le marché de l'emploi ; bref, je suis une sportive.

Mais quand je suis devenue enceinte de Chloé, j'ai cessé tout entraînement, sous prétexte d'une trop grande fatigue. Si vous avez déjà vécu une grossesse, vous savez de quoi je parle. Les fameuses premières semaines de gestation nous prennent toute notre énergie. Je n'avais pas la force de bouger. Je me suis contentée de prendre soin de la petite frimousse qui poussait dans mon ventre.

Ça a été très difficile de reprendre la route du poids santé. Mais je suis fière d'avoir été gentille avec moi-même et de m'être donné du temps pour recommencer à aimer ce nouveau corps qui venait de fabriquer un être humain. Wow !

Je me fiais aux sages paroles de nos grands-mères, puisque ça prend neuf mois pour faire un bébé, il faut s'accorder le même temps pour retrouver sa ligne. Je trouve ça tellement logique! Qu'en pensez-vous?

Aujourd'hui, le culte de la minceur nous fait sentir coupable de grossir, même enceinte! Les vedettes se vantent d'avoir perdu tout poids «superflu» quelques semaines seulement après avoir donné la vie.

Mais ce n'est pas ça, la vraie vie.

La vraie vie, c'est de se sentir moche quand la routine du quotidien revient, mais que notre corps n'est plus du tout le même.

La vraie vie, c'est des fesses plus rondes, des vergetures et des seins plus mous qu'hier, mais moins mous que demain!

Nos seins changent au cours de notre existence. Jeune, tu as de petites miches bien rondes, et tranquillement pas vite, ça devient des baguettes! Ha, ha! Ainsi va la vie. Mes seins sont comme du pain, ils sont devenus moelleux… J'aime cette blague que je véhicule depuis plusieurs années.

La grossesse est un fabuleux prétexte pour pratiquer l'autodérision. J'ai même développé un langage encourageant. Moi, je n'ai pas de vergetures… Non, j'ai des petits chemins qui ne mènent à rien!

La vraie vie, c'est une taille qui a épaissi et une autre allure dans des vêtements qu'on n'aime pas, parce qu'on attend d'avoir fait fondre ce qui nous déplaît avant de renouveler sa garde-robe.

Chaque chose en son temps.

J'ai beaucoup de respect pour les femmes qui fréquentent encore le gym lorsqu'elles portent un bébé et je les trouve belles. Certaines sont visiblement obsédées par la peur de grossir, mais la plupart des femmes que je croise à mon gym sont sereines. Elles veulent seulement demeurer actives pour le bienfait que cela leur procure, à elles et à leur bébé. On raconte que les femmes qui demeurent actives ont des accouchements plus faciles. Ça, je ne pourrai jamais vous le confirmer !

Bravo, les filles. C'est extrêmement valorisant d'agir à la fois pour soi et pour cette petite personne qui pousse en vous. Vous appliquez si bien ma phrase fétiche préférée : « Sois ta meilleure amie. » Vous êtes votre meilleure amie.

Comme je vous le disais, ça a été assez ardu de reprendre mon poids santé. J'y ai facilement mis un an et demi après Chloé. Je n'ai pas suivi de régime. J'ai simplement été logique. Les diététiciennes ne cessent de nous transmettre les grandes lignes d'une saine alimentation : consommer des fruits et des légumes, couper dans le gras, manger des protéines ; se permettre des collations entre les repas réguliers, de façon saine, bien évidemment ; boire beaucoup d'eau et demeurer active.

Pourquoi se compliquer la vie ? Le poids des femmes demeure un sujet tabou. Délicat s'il en est un. Est-il possible qu'on se mente parfois ? La mère qui prétend accuser un surpoids parce qu'elle a eu un enfant...

maintenant âgé de cinq ou six ans… à qui ment-elle? D'autres allèguent avoir de gros os… et attribuent leur forte taille à la génétique.

Nous faisons chaque jour le choix de bien manger. Ce choix nous appartient et, bien sûr, chaque personne a sa propre histoire et souvent des gens portent le poids de leurs peines… Je sais, je sais.

Il reste que nous choisissons ce que nous mettons dans notre assiette. Pourquoi attendre à demain pour entreprendre ce que vous planifiez depuis hier? Bref, pourquoi ne pas commencer à adopter de saines habitudes de vie dès aujourd'hui? J'aime tellement cette citation d'Alain Samson, auteur et conférencier: «Dites-vous que demain ressemblera à aujourd'hui.»

Pour M. Samson, nous fabulons trop souvent sur nos bonnes intentions. Nous savons que demain, rien ne changera vraiment. On repousse tout bonnement ce qui devrait s'exécuter dès maintenant.

Vous voulez cesser de fumer? Vite, donnez votre paquet de cigarettes. Jetez votre pipe. Débarrassez-vous de vos cigares ou vendez-les. Sur-le-champ! Il y aura toujours un prétexte pour remettre ce grand objectif à demain.

Vous voulez mieux manger et vous prendre sérieusement en main? Faites-le maintenant. Au fond, c'est vraiment facile d'exercer des choix éclairés et d'opter pour la santé. Il suffit de se décider et de passer à l'action.

Comme le relate M. Samson chaque fois qu'on remet une bonne résolution à demain, il faut penser aux conséquences du geste que l'on s'apprête à faire. Il sera encore plus difficile de changer demain… si vous vous prouvez aujourd'hui que vous n'avez pas la volonté de commencer tout de suite.

J'ai souvent constaté aussi que les personnes qui décident de modifier leurs habitudes alimentaires abandonnent après un seul écart de conduite. Le gros dessert englouti les fait sentir tellement coupables qu'elles se disent que tout est foutu et qu'elles n'y arriveront jamais. Ce n'est pas vrai. Il faut penser à long terme en matière de perte de poids, surtout au moment de changer de vieilles habitudes ancrées depuis fort longtemps. Pour adopter une saine alimentation, il est nécessaire de se permettre d'être inconfortable lorsque nous avons faim. Dorénavant, voyez cette faim comme un sentiment d'amour envers vous. Lorsqu'on change d'attitude, on change sa vision du problème.

Si vous gardez vos habitudes, vous parviendrez toujours au même résultat. Ne soyez pas réticente aux changements, osez foncer et avancer dans votre quotidien en n'oubliant pas d'être votre meilleure amie.

Demain est un autre jour…

Les diététiciens vous le confirmeront : si un pourcentage fort élevé de gens qui ont réussi à perdre du poids le reprend après un certain temps, c'est que ces personnes sont revenues dans le cercle vicieux de leurs mauvaises habitudes alimentaires. Il ne faut pas abandonner. Il faut se fixer des objectifs réalistes et s'armer de persévérance. Une belle tête de cochon finalement. Il faut s'imaginer triomphante dans l'atteinte de ses buts, fière d'y être parvenue malgré les nombreuses embûches. Il faut se fixer des objectifs réalistes et croire que vous pouvez y parvenir. Tout est possible !

Cessez de vous mentir à vous-même, les gestes d'aujourd'hui préparent ceux de demain. ☺

Trouve ce qui te «groove» ou grouille avant que ça rouille !

Je pense qu'on aime beaucoup les chiffres, les statistiques de toutes sortes et les sondages. Ça nous permet de nous comparer aux autres et ça nous situe par rapport à la moyenne des gens.

On raconte que 90 % des gens qui s'abonnent au gymnase vont abandonner en moins de trois mois. Je n'ai pas de difficulté à le croire. Et je sais à quel point les centres d'entraînement aiment les mois de septembre et de janvier.

Levez la main… Combien d'entre vous ont déjà payé un abonnement annuel avec la ferme intention de perdre du poids ou au moins de prendre sa santé en main? Vous êtes nombreux et c'est bien louable d'essayer de se donner un coup de fouet.

Il existe une foule de bonnes raisons pour adopter un régime de vie saine. Je pense qu'on compte aussi un nombre incroyable de prétextes pour laisser tomber ses bonnes résolutions.

Parfois, les gens vont trouver la motivation pour perdre du poids, un kilo à la fois, et enfin atteindre leurs objectifs. C'est grisant d'épater son entourage quand on maigrit. Les compliments fusent, les regards sont remplis d'admiration et on nous encourage tellement que ça nous motive à nous dépasser et à continuer sur notre lancée.

Là où le défi est des plus difficiles à relever, c'est lorsqu'on parle de maintien du poids santé et des nouvelles habitudes saines que nous avons adoptées. Car une fois nos objectifs atteints, cela devient peu à peu banal pour l'entourage. On se retrouve alors seule. Vraiment seule. Quelle est donc l'autre raison qui peut nous motiver à garder ce rythme, qui est sain pour soi? LA SANTÉ. Seule raison vraiment valable pour continuer, s'accrocher, s'aimer. Voilà tout.

Quand on est en pleine forme, on oublie qu'une chance inouïe nous est offerte. La prochaine fois que vous serez aux prises avec un gros rhume, ou pire, une grippe d'homme ☺, rappelez-vous la souffrance éprouvée à manquer de force. Cette faiblesse du corps, cette lassitude, cette carence d'énergie pour « vivre ».

J'ai très peu souvent le rhume. Je l'avoue, le simple fait d'écrire ces lignes me rend inconfortable, parce que je suis superstitieuse… Mais chaque fois que cela m'est arrivé, je me suis promis de faire bouger mon corps, afin de lui assurer les meilleures conditions possible pour qu'il soit en forme.

NOUS NE SOMMES PAS ÉTERNELS.

Ces quelques mots si évidents devraient à eux seuls nous inciter à nous prendre en main. Une vie. Une chance. Ne pas la manquer.

Le premier prétexte… LE TEMPS. Enfin, son pseudo-manque.

On court tellement après le temps. On a un job qui demande beaucoup, on a des enfants, des obligations de toutes sortes. On ne cesse de répéter qu'il y a seulement 24 heures dans une journée et qu'on est souvent exténuée.

En revanche, on a du temps pour flâner sur Facebook, pour aller au garage pour la vidange d'huile de la voiture, pour ramasser, ranger la maison et organiser le bonheur de toute la famille. Là, je m'adresse aux femmes multitâches qui font passer tout le monde avant elles. Où êtes-vous? Aussi insensé que cela puisse vous sembler, la Terre va continuer de tourner sans vous. Mais il faut planifier pour avoir de l'aide et le temps de prendre du temps.

Pour me stimuler à poursuivre l'entraînement physique, je m'accroche à ce grand privilège d'être en santé. La santé, c'est si précieux. Je suis certaine qu'en vieillissant, on prend les vœux de santé beaucoup plus au sérieux au Nouvel An. La santé n'est pas un acquis indéfectible. C'est un grand privilège, une chance extraordinaire de pouvoir rêver à demain.

Mon amie Josée Lavigueur, entraîneuse et chroniqueuse en matière d'activité physique, a trouvé LA phrase idéale pour nous motiver. Peu importe l'activité physique que nous choisissons, il faut se mettre en tête de « prendre rendez-vous avec notre santé ».

J'aimerais tellement trouver les mots justes afin de vous motiver pour longtemps à bouger. Voici quelques trucs que j'ai mis en pratique au fil du temps.

Prendre rendez-vous avec sa santé, pour vrai !

Fixez-vous des heures et des journées non négociables dans votre horaire. Si c'était une réunion avec le patron, cette rencontre serait indélogeable à l'agenda. Vous avez justement rendez-vous avec votre santé… et vous êtes la chef de direction.

Fixez-vous des objectifs réalistes. Partez de l'idée de bouger d'abord et avant tout pour votre santé… Le reste suivra, croyez-moi.

En matière d'activité physique, je pense que nous sommes seules au monde. J'ai trop souvent vu des femmes s'inscrire à une activité avec une amie. Bien souvent, lorsque l'autre déclare forfait pour une quelconque raison, nous sommes portées à l'imiter et à renoncer nous aussi. Seule au monde. Si vous participez à une activité de groupe, profitez-en pour rencontrer d'autres personnes avec qui vous n'avez pas de liens et qui n'auront pas cette influence sur vous. Faites-le *avec moi pour moi*.

Parfois je souffre et je trouve ça difficile, de continuer. Au fond, je suis à l'entraînement pour obtenir des résultats et activer énergiquement ma petite machine.

Je tire une grande satisfaction d'être claquée ou courbaturée et de sentir que je suis parvenue au degré d'intensité que je pouvais, au maximum. Le rose aux joues, le corps droit et l'agréable impression d'être forte me donnent des ailes. Je suis en contrôle de ma forme physique. Ça, c'est motivant. Puis porter cette robe ravissante avec ce sentiment d'être jolie, bien dans ma peau, ça aussi c'est une grande récompense. ☺

Parmi mes expériences au fil du temps, j'ai constaté que vous devez choisir un gym situé le plus près possible de votre motivation. ☺ En fait, si vous quittez la maison ou le boulot pour ensuite vous rendre à l'entraînement, je pense que le chemin à parcourir entre le point A et le point B influence beaucoup votre volonté de vous rendre au gymnase. Quand on entreprend ce type d'activité, l'habitude n'est pas encore installée et c'est tellement facile de dégonfler son ballon et de trouver un prétexte pour éviter d'y aller.

J'aime bien cette affirmation également: «Le pire est fait.» Je l'applique en ces jours où moi aussi – car ça m'arrive quelques fois –, je n'ai pas envie d'aller bouger. Je fais l'effort de me rendre au centre de conditionnement physique, parce que j'ai de toute façon rendez-vous… avec ma santé, rappelez-vous. Une fois rendue sur place, le pire est fait… je suis là! J'ai échappé à la démotivation. Ces séances d'entraînement me rendent encore plus fière de moi. J'ai opté pour le courage, je n'ai pas lancé la serviette. C'est une petite victoire, mais surtout une manifestation de grande volonté.

Il faut trouver son sport. Il faut se connaître afin de savoir ce qui nous allume et de ne pas considérer l'entraînement physique comme une obligation plate ou sans grand intérêt. Il faut s'amuser, avoir hâte d'aller se faire du bien. Si vous optez pour de l'entraînement en gym, je recommande fortement la présence d'un entraîneur privé chaque semaine. Ces séances ne sont pas données, j'en conviens.

Si vous prenez en compte tout l'argent que vous lanceriez par les fenêtres en vous payant un abonnement dont vous n'auriez pas profité, peut-être que vous verrez les séances privées comme de l'argent bien placé.

Si vous avez besoin qu'on vous «prenne la main» pour démarrer du bon pied, croyez-moi, ce sera un investissement rentable à long terme. Après avoir fixé une rencontre avec une autre personne, c'est beaucoup plus gênant d'annuler le rendez-vous. Une fois sur place, l'entraîneur a la tâche de vous aider à dépasser vos limites en vous motivant au maximum. Même si je vous recommande d'être votre meilleure amie, au gym, on doit être plus sévère avec soi-même et beaucoup moins gentille. Lorsqu'une tierce personne nous impose des exercices, elle se donne comme objectif de frôler la limite de nos capacités. Nous ressentons rapidement les résultats.

J'ai bien du mal à croire qu'on peut être assise sur un vélo stationnaire et capable de lire un magazine en même temps. Est-ce possible qu'on se donne bonne conscience en se rendant à notre activité, mais qu'on fasse les choses seulement à moitié?

Pour perdre du poids, ou pour maintenir un cœur en santé, on doit faire de l'activité cardiovasculaire… faire pomper la machine. Il faut cesser de se mentir. ☺

Il est prouvé qu'une personne malheureuse mange ses émotions et qu'avec le temps, la nourriture devient sa dépendance. Si notre cœur n'est pas équilibré, ce que l'on met dans notre assiette risque de le refléter. Un cœur sain dans un esprit sain est de mise.

Vous allez au bout de ce passage sur la forme physique et peut-être que j'ai trouvé les mots pour vous motiver. (Je l'espère bien!) Mais…

Voici une statistique qui peut vous donner un autre prétexte pour remettre à demain votre petit tour au gym ou votre dynamique marche de santé: le poids santé, c'est 70% de votre alimentation, combiné avec 30% de votre exercice physique.

En termes clairs, bouger ne suffit pas, loin de là. Beaucoup de gens se disent actifs, mais pourtant incapables de perdre du poids. Mon entraîneur de kick-boxing, Pierre Cataford, a toujours dit: « Si tu ne perds pas de poids, change ta fourchette! »

La forme physique, le poids santé, c'est une question d'équilibre. Une question de choix. Des essais, des erreurs, mais surtout un mode de vie, voilà tout.

C'est certain que l'occasion fait le larron. Un garde-manger rempli de malsaines tentations peut être aussi machiavélique que le diable!

Comme nous sommes dans un monde où tout va très vite, on essaie de chercher des raccourcis. On achète des aliments transformés, on cuisine rapidement et on cède souvent à l'appel de la malbouffe. Il faut prendre le temps de planifier les repas. Acheter des aliments sains et développer le goût de se faire du bien dans son assiette. ☺

Les diététiciennes s'ingénient à concocter des recettes santé savoureuses. Ce n'est pas vraiment plus compliqué de faire des repas santé, ce n'est qu'une question de CHOIX. Pas besoin d'acheter une multitude de livres de recettes, aujourd'hui, tout se trouve dans Internet.

S'il y a une chose qui augmente aussi vite que les statistiques sur l'obésité chez nous, c'est l'offre des produits amaigrissants sur le marché. Ils sont de plus en plus nombreux et font toujours autant de ravages.

Au moment où j'écris ces lignes, je lis un article des plus troublants dans le journal *La Presse*, qui a obtenu un document « en vertu de la Loi sur l'accès à l'information, après un an d'efforts ».

On y parle de cette industrie des produits amaigrissants. Les fabricants de produits naturels « minceur » se mettent en quatre pour laisser croire que leurs comprimés et potions font maigrir, même s'ils sont tout à fait incapables de le prouver.

On y raconte qu'un groupe de travail, formé en 2011, a formulé 61 recommandations « sur l'efficacité des produits amaigrissants ». Ce groupe a été mis sur pied afin de « conseiller la Direction des produits de santé naturels de Santé Canada ».

Fait particulier, ce groupe réunit huit participants issus de l'industrie et seulement quatre experts en santé, « plus une représentante d'un groupe de patients ».

Comment définir la perte de poids? Quelles preuves demander aux fabricants qui prétendent avoir trouvé une recette minceur? Quelles mentions exiger sur les emballages? Ces questions et quelques autres ont fait l'objet de débats, parfois tranchés: seriez-vous prêt à payer des dizaines de dollars – à répétition – pour perdre en fin de compte seulement 1% de votre masse corporelle, soit 2 livres (907 grammes) chez une personne de 200 livres (90 kilogrammes)?

«Cinq des 13 membres du groupe de travail ont recommandé qu'un impact aussi minime – qui pourrait résulter d'une simple variation hormonale ou d'une perte d'eau éphémère – soit reconnu comme une perte de poids. Autrement, aucun produit ne pourrait être qualifié d'amaigrissant, ont-ils justifié[1].»

Je ne vous cite qu'une seule recommandation proposée par ce groupe et il est impossible de savoir lesquelles parmi les 61 ont finalement été retenues par le ministère fédéral.

Mais à mon humble avis, c'est tristement évident. Cette gigantesque industrie veut profiter de votre vulnérabilité pour vous vendre de l'air… Ce sont des marchands d'illusions qui jettent de la poudre aux yeux aux gens qui veulent perdre du poids.

Il n'y a pas de raccourcis vers la minceur et surtout vers une meilleure santé. Pas de pilule amaigrissante.

---

1. Marie-Claude Malboeuf, «Des standards dictés par l'industrie, déplorent des experts», section ACTUALITÉS, *La Presse*+, dimanche 29 juin 2014.

Pas de produit qui active votre métabolisme ni de coupe-faim qui a fait ses preuves officiellement.

La seule réussite réside dans votre volonté de changer les choses vous-même, pour vous-même. Un jeu de base éprouvé depuis bien longtemps. L'expression que j'aime tant prend à nouveau tout son sens : « Sois ta meilleure amie. » ☺

Être
reconnaissant
à la vie

Chapitre 6

La gratitude

Avez-vous déjà dressé une liste de toutes les belles choses qui se sont produites dans votre vie? Si ce n'est pas le cas, je vous suggère de vous y mettre aujourd'hui. C'est une belle façon de s'apercevoir qu'on est choyée d'avoir pu vivre certains beaux moments mémorables. Cultiver de la gratitude est une façon d'embellir sa journée et de dire merci à la vie au quotidien.

Dans le métier que je pratique, il m'arrive régulièrement d'accorder des entrevues et de répondre à plusieurs questions que je ne m'étais jamais même posées. On m'a déjà demandé comment je fais pour avoir une vie si riche. Je suis comblée dans ma carrière et ravie qu'on me propose encore de beaux défis après 25 années à la radio. J'ai un amoureux formidable et trois filles charmantes; surtout, elles sont en santé. Je jouis aussi d'une santé de fer et je peux compter sur des amis merveilleux qui m'aiment comme je suis. C'est vrai que ma vie est riche. Vous savez ce que j'ai répondu à la question ?

J'ai dit que je ne demande rien. Juré : je ne demande rien, mais je remercie ; très souvent, je dis merci.

Je pense bien humblement que notre bonheur réside dans notre façon d'apprécier ce que l'on a, de le chérir profondément et de verbaliser cette joie. Il faut savoir dire merci et préciser pourquoi on remercie.

Je sais bien que l'argent facilite les occasions de bonheur. Je suis cependant persuadée que le bonheur réside d'abord dans la santé. Avec la santé, tout est possible. Avec la santé, nous avons la force de changer les choses qui nous déplaisent, la volonté d'améliorer notre sort. Avec la santé, on peut trouver le courage de ses convictions et les faire avancer. Il est tellement vrai qu'on ne devrait jamais tenir la santé pour acquise. Quand je vois un film qui relate l'histoire d'une personne qui reçoit un diagnostic de maladie incurable avec un verdict de mort imminente, rien ne m'agace plus que de la voir retirer son argent de son REER afin de faire le tour de la planète avant de mourir. Aïe ! Franchement ! Ça ne se passe pas comme ça. La santé ça donne des ailes, la maladie vous cloue au sol. Rien de moins.

J'ai vu notre merveilleuse comédienne Guylaine Tremblay parler de gratitude à l'émission *Alors on jase !* à Radio-Canada. Elle raconte qu'elle est à un merveilleux stade de sa vie où elle savoure son bonheur, remplie de gratitude pour cette vie qu'elle a bâtie avec le temps et qui la comble en tous points. Je me sens comme ça.

C'est Guylaine qui signe la préface de ce livre et j'étais gênée de le lui demander. Cette phrase d'une simplicité désarmante et pourtant si frappante pour moi : « Josée, sois ta meilleure amie », a chamboulé ma vie et elle me l'avait soufflée au travail à la radio. Merci, Guylaine, pour ces mots si doux à mon oreille. Ils flottent vers le cœur de plusieurs personnes et j'ai la conviction qu'ils font le plus grand bien. Merci de croire que ce livre est porteur de bien-être et d'autocompassion pour ses lecteurs. C'est un immense privilège de savoir que tu y crois. MERCI.

Je suis certaine que vous dites souvent merci dans une journée sans pour autant y penser.

Quand on fait tchin-tchin et entrechoque les verres avec des amis, on sous-entend MERCI.

Quand on prend une douche chaude après avoir eu froid et que l'eau qui coule sur notre nuque nous procure un bien immense... on adresse un MERCI subtil à la vie qui bat.

Quand on entend une chanson à la radio qui nous rappelle un merveilleux souvenir... on dit MERCI à l'Univers qui nous a comblées !

Quand un enfant nous offre gentiment un bouquet de pissenlits, il dit MERCI à sa façon.

Quand un ciel bleu parfait se présente dans une journée de congé... on dit MERCI en le savourant le moment présent.

Soyez votre meilleure amie... dites souvent MERCI !

La spiritualité profonde et moi, c'est deux choses distinctes, mais je vous confierai que « je sens » le bonheur me pénétrer. Vous pouvez rire ! Même moi je suis gênée d'écrire ces lignes. Aussi étrange que cela puisse paraître, quand je vis un grand moment de bonheur, je ressens une chaleur dans le plexus solaire et ça me procure un immense bien. J'ai même développé le réflexe d'ouvrir les bras pour accueillir cette sensation si agréable. Je sens entrer cette grande joie et je dis MERCI. Je suis convaincue que verbaliser nos joies les rend encore plus palpables et qui sait, peut-être qu'une grande joie transmet ce pouvoir d'attraction à une autre personne, puis à une autre, et une autre encore ! Tout est possible, il suffit d'y croire !

Il y a tout près de quatre ans, je pensais vraiment que ma santé et mon expressivité sur le plan de la communication étaient en péril en raison de graves douleurs que j'éprouvais au nerf sciatique. Mes trois grossesses ne sont certes pas étrangères à ces douleurs qui m'empoisonnaient la vie, à un point tel qu'il m'arrivait de marcher pliée en deux. En désespoir de cause, j'ai écrit un statut Facebook pour faire partager à l'ensemble de mes contacts ce tracas que je vivais au quotidien, du genre « aidez-moi quelqu'un, je cherche LA solution ».

Une « amie » Facebook de Boucherville prénommée Sonia m'a recommandé son ostéopathe. Louise Philippon habite à une minute de chez moi à Boucherville. Une minute ! MERCI, Sonia.

Cette femme a littéralement changé ma vie. Dès que je lui ai parlé de mes maux, elle m'a souri et a confirmé qu'elle pouvait m'aider et qu'elle aimait les petits miracles. Louise est une femme positive qui veut soigner les gens depuis toujours. À cinq ans, elle trimballait sa petite trousse de docteur en voulant guérir son entourage. Ses mains magiques et ses mots rassurants font partie de sa posologie, j'en suis certaine.

En entrant pour la première fois dans son bureau, je lui ai dit en souriant : « Je suis très souffrante, je dois vieillir. » Louise m'a répondu tout de go « on commence à être vieille autour de 80 ans ; avant ça, il est beaucoup trop tôt ». Wow ! Cette attitude m'a conquise d'entrée de jeu. Les mains magiques et l'attitude générale de Louise m'ont vraiment aidée à retrouver ma souplesse et surtout mes jambes de jeunesse. ☺

Il m'est souvent arrivé de jaser avec elle, de parler de sa perception des choses et de notre pouvoir à chacun de nous guérir. Elle est très fière de sa réussite auprès des patients, mais elle a la certitude que la voie de la guérison se trouve dans notre attitude. Il faut apprendre à se connaître et à connaître ses limites physiques. Il faut participer à sa guérison. Il faut y croire et mettre toutes les chances de son côté. Bien s'alimenter, boire de l'eau, ne pas faire d'abus et faire de l'exercice. Certaines personnes se complaisent dans leur malheur.

C'est en consultant régulièrement Louise que j'ai décidé que le jogging ne ferait pas partie de mes plaisirs de la vie. J'ai souvent tenté cette expérience et j'en arrive à la conclusion qu'il existe une foule d'options pour me tenir en forme, dont celle-ci ne fait pas partie. Je m'amuse à prétendre que je suis comme un golden retriever… je souffre de dysplasie de la hanche ! Quand je m'adonne au jogging, mes hanches deviennent toutes croches et je me retrouve pliée en deux. Les vrais joggeurs vous diront que je m'y suis mal prise et ils ont bien raison. Il faudrait que je sois plus patiente et que j'y aille très graduellement, mais je n'ai pas cette patience et je me fais mal à chaque tentative. On appelle ça se connaître. On appelle ça être sa meilleure amie. ☺

J'ai commencé ce passage sur la gratitude en affirmant que les entrevues m'ont permis de me connaître davantage. Tentez ce petit jeu avec vos amies, vous allez beaucoup vous amuser. En voyage avec trois amies géniales, Lyne, Nancy et Carolyne, nous nous sommes amusées à nous poser les 101 questions indiscrètes trouvées dans un magazine québécois.

À tour de rôle, nous avons répondu aux questions. Mets favori, valeurs importantes de vie, dernière fois que vous avez pleuré… ce genre de questions nous permet d'approfondir divers sujets et vous serez surprise des réponses de vos amies. Nous avons passé une heure de souper fantastique et avons beaucoup ri. Vous verrez : dans plusieurs cas, on se connaît moins qu'on le pense.

Juste pour le plaisir d'alimenter les discussions, voici un exemple de ces questionnaires à faire entre amies. Bon, 101 questions c'est un peu trop, mais amusez-vous à piger dans le tas ! Vous verrez qu'on ne se connaît pas tant que ça, finalement !

Voici les 101 questions tirées
du magazine *La Semaine*[1] :

Les « *plus* »

1. Plus beau voyage

2. Chose la plus drôle vue

3. Plus grosse dépense

4. Objet le plus précieux

5. Plus belle réussite

6. Site Internet le plus visité

7. Plus grand rêve

8. Personnalité la plus admirée

9. Plus bel exploit

10. Faute que vous pardonnez le plus

11. Plus belle chanson d'amour

12. Plus beau souvenir d'enfance

Les « *pires* »

13. Pire film vu

14. Pires vacances à vie

15. Pire période de votre vie

16. Pire cadeau reçu

17. Pire cauchemar

18. Pire bévue

---

1. *La Semaine*, 20 septembre 2013.

Les « wow ! »

19. Idole de votre domaine

20. Lieu idéal pour un premier rendez-vous

21. Geste romantique qui vous touche

22. Plus grand moment à vie

23. Ce qui vous fait craquer chez l'autre

24. Compliment que vous aimez recevoir

25. Ce qui fait votre charme

26. Mot d'amour qui vient vous chercher

27. Personnalité qui vous inspire

28. Style déco

Les « ou »

29. Embrasser ou se faire embrasser ?

30. Lumière allumée ou éteinte ?

31. Forêt ou océan ?

32. Sucré ou salé ?

33. Sport ou farniente ?

34. Vin rouge ou blanc ?

35. Pique-nique ou restaurant ?

36. Matin ou soir ?

Les « bof ! »

37. Compliment qu'il faut éviter de vous faire
38. Ce qui vous déplaît chez vous
39. Mets qui vous répugne
40. Émission qui vous endort

Les aveux

41. Qui fait le ménage chez vous ?
42. Qui fait la cuisine ?
43. Geste qui trahit votre trouble ?
44. Compliment qu'on ne vous a jamais fait ?
45. Type d'entraînement
46. Cure santé qui vous fait du bien
47. Ce qui vous déprime
48. Animal préféré
49. Parfum préféré
50. Gros défaut
51. Folie faite par amour
52. Dépense la plus inutile
53. Plus grande peur
54. Ce qui vous ferait gagner une médaille
55. Votre talent caché
56. Don que vous aimeriez avoir
57. Voiture actuelle

58. Point faible

59. Humeur du matin

Complétez

60. Le chocolat, c'est…

61. Un jour, je pourrai…

62. La santé, c'est…

63. Le succès, c'est…

64. L'amour m'apporte…

65. Mon premier baiser était…

66. Vieillir, c'est…

67. Je crois en…

68. Les amis, c'est…

69. L'argent, c'est…

70. Les arts servent à…

Ce qui a changé

71. Complétez : Un enfant, c'est…

72. Dans votre corps

73. Dans votre coiffure

74. Dans votre garde-robe

75. Dans votre manière de voir le monde

76. Dans votre entourage

77. Dans votre vie de couple

La dernière fois...

78. ... que vous avez klaxonné en auto

79. ... que vous avez mangé du chocolat

80. ... que vous avez juré

81. ... que vous êtes allé dans une église

82. ... que vous avez regardé un film

83. ... qu'un décès vous a affecté

84. ... que vous avez eu une contravention

85. ... que votre cœur s'est arrêté de battre

86. ... que vous avez eu les larmes aux yeux

Imaginez!

87. Un concours que vous remporteriez haut la main

88. La voiture de vos rêves

89. Le personnage historique que vous aimeriez être

90. La folie que vous aimeriez vous payer

91. La tâche que vous donneriez à un assistant

92. Où vous serez dans 10 ans

93. Le prénom que vous auriez aimé avoir

Les « si »

94. Si je devais recommencer à zéro, je…

95. Si je pouvais présenter mes excuses à quel-
    qu'un, je lui dirais…

96. Si je pouvais interviewer quelqu'un, je choi-
    sirais…

97. Si je pouvais changer une chose dans le
    monde, ce serait…

98. Si je pouvais dire à ma mère ce qu'elle est
    pour moi, je lui dirais…

99. Si je voyais mon père, une minute avant de
    mourir, je lui dirais…

100. Si je devais changer de métier, je serais…

101. Si je devais vivre ailleurs, ce serait…

La plus belle journée de l'été…

Je crois que le bonheur s'invite. Il arrive sans crier
gare. Il fait le tour de la maison, s'installe, respire un
bon coup et nous entraîne, le cœur joyeux, dans sa
farandole de fous rires et d'instants précieux.

Il faut le saisir, l'étirer le plus possible, le savourer
et lui répéter qu'il est le bienvenu… qu'il peut prendre
son temps et s'installer, bien relax, en nous réchauffant
le cœur.

Le bonheur, quand on sait l'accueillir, revient souvent nous visiter. Il sait que notre porte est grande ouverte et qu'il sera reçu comme un roi. Le bonheur se préserve dans le cœur de celui qui l'aura saisi, il est un allié redoutable qu'on emmagasine pour les jours de tempête. Il arrive et peut repartir aussi vite. Voilà pourquoi nous devons savourer chaque seconde de sa présence, puisqu'il est aussi à la fois insaisissable et cruellement égoïste.

Sa dernière belle visite remonte au 12 juillet 2014. (Au moment où j'écris ces lignes, je suis encore bercée par cette journée magnifique et parfaite en tous points.) Au moment où vous lisez ceci, j'espère qu'il est repassé souvent depuis.

Je reviens de Québec en compagnie de mon amoureux, de mon beau-frère Dany et de ma « sœur-amie » Sylvie. Nous sommes allés voir le spectacle de Billy Joel sur les plaines d'Abraham dans le cadre du Festival d'été. La soirée a été fantastique et après une nuit à l'hôtel et un copieux déjeuner au Cochon Dingue, on reprend le chemin de nos maisons respectives où, dans le cas de Louis-Philippe et moi, deux princesses de trois et six ans nous attendent pour passer le reste de la journée ensemble.

Nos filles sont vraiment fines. Des enfants joyeuses, intelligentes, vives et allumées. Je sais, tous les parents, sauf exception, parlent ainsi de leurs enfants… mais pour les miennes, c'est vrai ! ☺

Le soleil est radieux. On prévoit 30 degrés à l'ombre. La piscine nous attend. On joue dans l'eau, les filles sourient, on se fera des pâtes aux crevettes pour souper. Le téléphone sonne. Luc, le père de ma grande fille, me demande s'ils peuvent venir se baigner tous les deux. Ça me fait sourire, il mentionne qu'il ne veut pas déranger. Je lui réponds du tac au tac qu'ils sont la famille. Qu'ils ne me dérangeront jamais !

Mes trois filles jouent dans la piscine. Les adultes jasent de tout et de rien. On prend un verre, on rigole. Je prends alors conscience que ce que j'ai de plus précieux est là, sous mes yeux : mes trois trésors que je chéris tant, mon amoureux et Luc, un ex formidable que j'ai si bien choisi pour être le père de ma Chloé. Quel bonheur de savoir tous ces gens en harmonie ! Le seul fait d'être à l'aise entre mon Louis-Philippe et Luc me procure un immense bonheur !

Après le repas, les filles rebondissent sur le trampoline pendant que les adultes relaxent… Les gars iront faire la vaisselle plus tard pendant que je vais à nouveau me rafraîchir dans la piscine avec les filles. On se baignera jusqu'au coucher du soleil. Magnifique.

J'entends le clapotis de l'eau. J'entends la vaisselle qui s'entrechoque avec le son lointain des deux hommes qui conversent agréablement. Mes filles s'amusent. Moi, je fais la planche dans l'eau. J'attends que le soleil se couche pour me vanter à propos de ma plus longue baignade de l'été. Je veux aussi surtout voir ce ciel orangé rempli de promesses et en capter toute la lumière avant qu'il ne s'éteigne. À ce moment précis, je sais que c'est la plus belle journée de l'été.

Avec ma grande sœur, Sylvie.
Nous serons toujours là,
l'une pour l'autre.

Avec Sylvie, on se ressemble
et on est toujours ensemble !

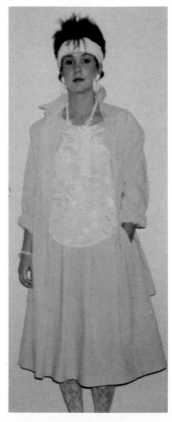

Moi à gauche, Caroline l'espiègle, ainsi
que Sylvie avec notre unique frère, Patrice.
À 10 ans j'affichais déjà un solide optimisme.

Moi, à l'adolescence. Vaut mieux en rire !
C'est mon « kit » pour le bal des finissants.
Quel sourire éloquent ! Pourtant, je suis
heureuse et crois que je serai
la plus belle de la soirée !
Merci, maman, pour
tes talents de couturière !

Mes parents étaient si beaux!
Avec Sylvie, ma sœur-amie!
Moi je suis joufflue et
contente!

Mes parents, Louise et Yvon.
Noël 2008, maman nous surprend tous
avec cette photo prise en studio d'elle et
de papa. J'ai les larmes aux yeux
en la regardant. Je sais alors qu'un jour,
ils ne seront plus de ce monde. Cette
triste réalité nous frappera le 28 juillet
2010 avec le décès de maman. Mon père
est un veuf aujourd'hui âgé de 72 ans.

Photos de ma mère qui se
retire du secrétariat pour se
consacrer entièrement
à sa famille. Cette image m'a
marquée. Je me suis toujours
demandé si maman était
complètement heureuse de
ce choix qui demeure à mes
yeux un très grand sacrifice.

Juin 2010.
Nous venons d'apprendre
que maman n'en a plus pour
longtemps à vivre. Une chance qu'on s'a.
Un cornet pour mieux avaler la pilule.

J'ai dit oui! Mais ce fut de courte
durée! Mariée le 2 juin 1995
et divorcée en août 1996!

Mon ex-conjoint préféré, Luc
Sirois, avec notre fille Chloé
alors âgée de trois ans.

Louis-Philippe et moi, avant
le tourbillon provoqué par
l'arrivée de nos filles...

Un jour, ses yeux bleus ont
croisé les miens et j'ai craqué.
Louis-Philippe a été un ami et
un confident avant de devenir
mon amoureux. Il m'aime
avec mes qualités, mais aussi
mes défauts. C'est un père
fantastique et un amoureux
merveilleux.

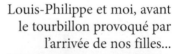

Ma richesse, mes trois filles :
Flavie, âgée de 3 ans et demi ;
Chloé mon aînée, 13 ans ;
et Anabelle, qui a 6 ans.

Moi, enceinte de Flavie
avec sa grande sœur, une adorable
petite complice de sa maman.

Je suis enceinte de ma petite dernière,
Flavie... et je vais exploser !

Moi, enceinte de Flavie...
depuis cinq mois seulement.
Merci à Magenta Studio Photo
de me faire sentir belle !

Arrêter le temps... Mes filles,
le 1er décembre bon an mal an.
Tradition oblige.

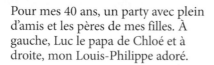

Ma richesse, mes trois filles,
lors d'une tradition familiale
annuelle, notre pique-nique
d'automne au parc
des Îles de Boucherville.

Pour mes 40 ans, un party avec plein
d'amis et les pères de mes filles. À
gauche, Luc le papa de Chloé et à
droite, mon Louis-Philippe adoré.

Ma famille, ma fierté,
mon équilibre...
en mode vacances,
à Palm Coast, Floride, été 2014.

Ma *gang* de filles... Mes amies que je ne vois pas assez souvent, des femmes folles, tendres, drôles et sensibles. De gauche à droite : Barbara, Josée, Priscilla, Carolyne, moi, Nancy, Lyne et Caroline.

Des amies pour la vie qui m'aiment sans condition : Lyne, Nancy et ma sœur et amie, Sylvie.

Mars 2014 : un moment privilégié entre frères et sœurs. Nous sommes réunis pour les 40 ans de ma sœur Caroline. De gauche à droite, l'aînée, Sylvie, Caro, le benjamin Patrice et moi.

Laisser le bon temps s'écouler avec Johanne et Paul, des amis pour toujours. En 2014, elle devient « ma grande boss » à la radio de Rythme FM.

Mon entraîneuse, Élise Patenaude-Ouellet. Je lui suis fidèle depuis plusieurs années. Avec elle, la motivation est facile à trouver. Sa phrase marquante : « Ce n'est pas de cela que je me souviendrai ce soir. »

Josée Lavigueur, ma coach d'entraînement en DVD à la maison. J'adore sa phrase : *Prendre rendez-vous avec sa santé.*

Ricardo, un homme d'exception qui applique chaque jour son dicton : *Le meilleur me convient très bien.*

Il incarne ma théorie de l'attitude A-1. Un autre homme d'exception qui a su donner un sens à ses épreuves, Pierre Lavoie.

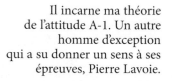

Campagne nationale 2014 de la Société canadienne du cancer : le Mois de la jonquille. J'ai accepté avec bonheur d'en être la porte-parole. Une sorte d'hommage posthume à ma mère. Cela m'a rendue très fière de faire ma part.

Avec ma fantastique partenaire de radio pendant cinq belles années à Rythme FM, l'unique VÉRO.

Mon nouveau coanimateur, Pierre Pagé, à Rythme FM. Il est un exemple de l'attitude A-1 avec un enthousiasme débordant pour ce merveilleux métier depuis plus de 35 ans. Je me lève à 3 h 30 tous les matins. C'est facile parce que je côtoie des passionnés.

Cinq années de radio avec un beau fou, Peter MacLeod. C'est avec lui que j'ai appris à « bouger mon fromage ».

Peut-être que ce texte vous déçoit. Le titre accrocheur de cette section a probablement excité votre curiosité sur ce que pouvait être une journée aussi formidable. Que s'est-il donc passé pour que le 12 juillet soit si mémorable? Pas grand-chose, en fait. Tout et rien. Tous ceux que j'aime le plus au monde étaient là. J'étais en harmonie avec ma vie. J'assumais mes choix. Je savourais le moment présent. Deux hommes faisaient la vaisselle. Que demander de plus? ☺

Parfois l'amitié se transforme en amour. C'est notre histoire à Louis-Philippe et moi. Parfois aussi, l'amour devient de l'amitié... comme pour Luc et moi. Une chose demeure: je suis si fière d'avoir gardé cette précieuse relation avec mon ex. Si fière aussi d'aimer un homme qui a accepté mon passé et qui fait partie de mon présent avec tout ce que cela comporte.

Au moment d'une rupture, beaucoup de gens se déchirent et oublient qu'ils se sont déjà aimés. Loin de moi l'idée de faire la morale. Je pense cependant qu'il faut trouver la force de pardonner et d'oublier le passé pour aller de l'avant. Chaque personne importante tient un rôle dans notre vie. Il suffit peut-être de lui trouver la place qui lui convient parfaitement.

Soyez votre meilleure amie. Mordez dans vos petits et grands bonheurs. Permettez-leur d'entrer et de s'éterniser. Ne laissez jamais leur présence se banaliser. Le bonheur est précieux, qu'il soit petit ou grand.

« Lorsqu'une porte du bonheur se ferme,
une autre s'ouvre ; mais parfois, on observe
si longtemps celle qui s'est fermée qu'on ne voit pas
celle qui vient de s'ouvrir à nous. »
— Helen Keller

Oser dire

Parmi mes phrases fétiches préférées, j'aime vraiment beaucoup celle-ci : **Si tu poses une question, tu es prêt à entendre la réponse.**

En termes encore plus clairs, j'essaie du mieux que je le peux de dire la vérité.

J'estime que la vérité dans les plus petites choses est loin d'être une petite chose.

Bien sûr, tout le monde ment, car les gens ne peuvent être que foncièrement honnêtes.

Si un étranger vous demande « Comment ça va ? », même si vous allez mal, en principe, vous répondez parfois « je vais bien, merci ».

Dans certains cas, retenir certaines informations dans une discussion, ou garder le silence, peut être considéré comme malhonnête.

Bien sûr, je vous l'accorde, toute vérité n'est pas bonne à dire, c'est du cas par cas : à vous de juger.

La psychologie considère que la malhonnêteté est un comportement acquis et non inné. Un enfant devient malhonnête lorsqu'on lui apprend qu'être honnête n'est plus à son avantage. Trop souvent, on punit les enfants lorsqu'ils nous avouent leurs torts au lieu de les valoriser pour avoir au moins dit la vérité.

Une parenthèse ici.

Je ne sais pas pourquoi c'est ainsi, ici au Québec. Mais j'ai tellement de difficulté avec ces regards fuyants et notre façon de nous foutre de la présence des autres. Comment peut-on ne pas s'adresser la parole lorsqu'on se croise en faisant notre marche? Comment peut-on garder le silence quand on monte 12 étages avec des gens dans un ascenseur? Aujourd'hui, avec les téléphones intelligents, c'est tellement facile de ne pas entrer en contact avec les gens: on se réfugie en toute sécurité dans nos écrans, en pitonnant frénétiquement, le temps que ce moment de malaise inexplicable se passe.

Je regarde les gens aux arrêts d'autobus. Personne ne se parle, on joue du pouce et on fait défiler l'info dans nos médias sociaux en édifiant une vie virtuelle pauvre et aseptisée. Les gens qui essaient de parler de la pluie et du beau temps passent pour des extraterrestres. C'est étrange, tout ça.

Il est vrai aussi que nous sommes les victimes des crimes largement publicisés dans les médias et dans les réseaux sociaux. On n'ose plus regarder les autres dans les yeux, par crainte de passer pour un agresseur potentiel ou pour une personne qui lance un défi. Un adulte inconnu ne peut plus adresser la parole à un enfant ou à un jeune adolescent au risque de passer pour un pédophile. La moindre conversation avec un inconnu peut donner l'impression d'une tentative de séduction. C'est bien dommage… Fin de la parenthèse de défoulement. ☺

Donc, si tu me poses une question, tu es prêt à entendre la réponse. C'est difficile de dire la vérité. Mais je crois que ceux qui nous entourent méritent ce respect. Je suis toujours sidérée de voir des gens qui n'ont pas de talent pour chanter et qui se présentent à des auditions où on se paye bien souvent leur tête. Vous me direz qu'il ne faut pas briser les rêves d'une personne. Je suis d'accord. Mais il faut aussi aimer assez une personne pour lui dire avec tact qu'elle ne doit pas lâcher son *job* de jour !

Il y a une distinction également entre un passe-temps, une façon de se surpasser et caresser le rêve d'une carrière à la Céline Dion. Peut-être qu'en questionnant davantage la personne sur ses aspirations, on peut ajuster le tir sur nos propos à son égard.

À ce même titre, nos enfants ne sont pas toujours les plus beaux ni les meilleurs. Des parents qui manquent d'objectivité peuvent nuire à leurs rejetons à long terme. Si tout est toujours parfait et que le chemin est pavé de pétales de roses, la chute ne sera que plus brutale le jour où une personne, souvent bien intentionnée, révélera la vérité. Savoir ce que l'on est, connaître ses forces et ses faiblesses dès que possible dans la vie, c'est à mon avis un cadeau inestimable.

Je suis sensible à l'opinion de certaines personnes très proches dans mon entourage. Parfois, je me mets en mode d'écoute pour entendre les commentaires sur ce que je fais et ajuster le tir. Ça prend beaucoup d'humilité pour s'exposer à nu devant les autres et la confiance en est la clé.

Je souris en formulant ces phrases parce que je me souviens très bien de certaines occasions où je me disais prête à entendre la vérité, pour finalement constater qu'on ne me disait pas ce que je voulais entendre et que ça m'écorchait assez profondément.

Le conférencier américain Tim Ferriss propose encore plus clairement de dire «les vraies affaires». Dans l'une de ses nombreuses conférences, il affirme: «La réussite d'une personne dans la vie se mesure en général au nombre de conversations délicates ou désagréables qu'elle est prête à avoir. Prenez la décision, chaque jour, de faire ce que vous redoutez.»

Bon, je pense que chaque jour, ça doit être dur à porter comme attitude, mais au fond, Ferriss nous dit d'être le plus authentique possible; et ça, c'est possible. Si l'occasion se présente, il faut oser être soi et dire le fond de sa pensée. Après tout, on vous a interpellé; alors, agissez en toute vérité.

Les amitiés toxiques peuvent vous aider à tester cette attitude de la vérité au besoin.

J'ai lu l'histoire d'une femme qui s'est imposé une analyse en profondeur de sa vie amicale en l'espace d'une année. Chaque fois qu'elle vivait un moment avec une ou un ami, au retour, elle notait ses états d'âme.

Une rencontre l'énergisait et lui donnait des ailes, mais une autre lui enlevait tout son dynamisme et lui rendait la vie lourde.

Au fil du temps, la courbe des sentiments s'uniformisait et il devenait clair que certaines fréquentations ne lui apportaient rien de bien. D'autres demandaient certains accommodements, mais il était possible de trouver une façon de poursuivre l'aventure. En voyant ainsi plus clair, elle a pu prendre les rênes de sa vie amicale et s'épanouir auprès de gens avec lesquels elle était bien.

Alors la question à se poser, c'est : *Je flushe ? Je me distance ou je poursuis ?*

Les amitiés passent dans une vie. Certaines sont de passage, d'autres s'effritent et d'autres encore dureront le temps d'une vie.

Je me rends compte que je n'ai conservé aucune amitié d'enfance. C'est ainsi, tout simplement. La distance et le temps m'ont séparée des personnes qui sont passées dans cette période de ma vie, malgré tout le bien qu'elles ont pu m'apporter.

J'ai tenté un jour d'entrer en contact avec mon amie Marie-Josée. On s'était tenues ensemble pendant environ trois ans, vers la fin du primaire et le début du secondaire. Un jour, j'ai croisé son frère par hasard, qui m'a donné ses coordonnées. Je me suis empressée de lui téléphoner afin de m'informer de ce qu'elle était devenue. Nous n'avons échangé que quelques mots, elle était froide et sèche. Quand je lui ai proposé de la revoir, elle m'a carrément dit qu'elle n'avait pas le temps et que ça ne se produirait pas. J'ai franchement été ébranlée par cette réponse des plus directes. Sur le coup, j'ai senti un profond rejet. Mais ce sentiment de rejet a vite fait place à une certaine admiration.

J'ai trouvé Marie-Josée extrêmement authentique. Bien sûr, je ne connais pas sa vie et d'évidence je n'en saurai pas plus. Mais en tout cas, elle n'a pas eu de faux-fuyant. Elle m'a vite fait comprendre que notre relation était du passé et que cette page était tout simplement tournée.

Combien de fois disons-nous oui quand le cœur n'y est pas? Combien de ces rencontres s'impose-t-on plutôt que de dire «je vais céder mon tour»?

Parfois, dans la vie, il vaut mieux être vraie que gentille et désireuse de plaire à tous.

J'essaie le plus possible de ne pas m'engager spontanément avec les gens, afin de ne pas les décevoir. Je laisse une porte ouverte au refus et si je fais une promesse, je m'assure de la tenir par respect pour les autres.

Transmettre
son bonheur

CHAPITRE 7

L'âge du bonheur

*V*ous êtes-vous déjà posé cette question : si vous en aviez eu le pouvoir, à quel âge auriez-vous cessé de vieillir ?

Vous êtes-vous déjà demandé quel âge vous aviez dans votre tête ? Et dans votre cœur ?

Physiquement aussi, vous sentez-vous plus jeune ou plus âgée ?

D'aussi loin que je me souvienne, j'avais le chiffre 22 en tête. Mais je dois avouer que ça fait bien longtemps que je me suis posé cette question. C'était l'âge de la petite folie toujours présente et le début d'une certaine maturité. Bien franchement, puisque je me penche sur la question maintenant, je vous dirais que j'ai un âge qui me convient très bien. Mon âge. Celui de mes 45 années traversées avec enthousiasme. Le 22 me semble bien lointain et surtout peu enviable en comparaison avec ce que j'ai et surtout ce que je suis devenue à présent, à 45 ans.

J'ai lu les conclusions d'un sondage réalisé à l'été 2013 auprès de 100 000 personnes âgées de 17 à 85 ans. On leur a demandé : À quel âge sommes-nous le plus heureux ? Deux âges sont ressortis du lot : 23 et 69 ans.

Quand je pose cette question en conférence, bien sûr les réponses diffèrent. Plusieurs répondants se disent heureux dans le moment présent... d'autres parleront de leur jeunesse et d'autres encore évoquent la cinquantaine.

Chaque fois cependant, je suis surprise de constater qu'aucune réponse ne voit le bonheur associé à la vieillesse, ou à tout le moins au dernier tournant de la vie.

À 23 ans, c'est facile d'être heureux, puisqu'il n'y a pas de limites.

À 23 ans, les études sont la plupart du temps terminées. Tous les espoirs sont permis. On est insouciant, effronté et surtout on se croit immortel. À 23 ans, on a l'impression que tout est possible et on est prêt à défoncer les portes pour se faire une place dans la société.

La vie nous a épargné, dans la plupart des cas. Pas trop de déceptions et la chance du débutant nous sourit. À 23 ans, on croit que tout nous est dû... une attitude qui peut donner des ailes à n'importe qui !

L'âge du bonheur qui ressort dans le sondage, 69 ans, s'explique bien, lui aussi.

À 69 ans, la vie nous a éprouvé. On sait aussi que tout ne sera pas possible. On a vécu son lot de déceptions, on a eu de la peine, on a vécu des deuils et compris que certaines choses ne changeront pas. On accepte peut-être davantage son destin. On assume ses choix. C'est là que réside aussi la réponse au bonheur : à 69 ans, on apprécie davantage les petites surprises de la vie. On encaisse les joies avec l'impression d'accumuler des bonis, sans trop d'attentes. Un merveilleux lâcher-prise qui donne littéralement des ailes. ☺

Les experts qui se sont penchés sur ce sondage ont aussi spécifié que plusieurs personnes âgées de 45 à 50 ans traversent un stade critique. Plusieurs se rendent compte que des rêves se sont envolés. Certaines aspirations n'ont pas été comblées. Dans d'autres cas, on constate que l'amour a perdu de son lustre. C'est une phase de regrets et de mises au point. La réalité peut parfois faire mal.

Alors, comme la route peut être longue de 23 à 69 ans… d'autres imminents psychologues de réputation mondiale ont réuni leurs meilleurs trucs pour être plus heureux. Vous verrez, quand on s'y attarde, c'est si simple de trouver le bonheur.

La liste du bonheur

DORMIR AU MOINS 6 H 15

C'est logique, le repos. Une fois fatigué, nos problèmes semblent plus gros, n'est-ce pas ? Allez au lit au moins 30 minutes plus tôt que d'habitude. Vos performances seront meilleures, vous serez plus concentré, aurez plus d'énergie et l'esprit plus clair. On dit aussi que la nuit porte conseil. Six heures et quart de sommeil, c'est l'idéal.

PORTER DU BLEU

Cette couleur inspire confiance, tant à celui qui la porte qu'à son entourage.

ANTICIPER DE BONS MOMENTS

Avoir hâte, sentir les papillons monter quand on pense à un événement ou à une rencontre à venir. Créer de l'anticipation, c'est bon ! En fait, la majeure partie du bonheur résiderait dans l'anticipation.

SE FIXER DE NOUVEAUX OBJECTIFS

Réaliser quelque chose de nouveau, peu importe notre âge. Se prouver à soi-même que TOUT est possible.

DÉPENSER UNE PARTIE DE SON ARGENT POUR LES AUTRES

Parce que partager, ça fait du bien à autrui, mais davantage à soi.

ÊTRE AMOUREUX (AMOUREUSE)

Partager ses petits et grands bonheurs avec une personne aimée, dans le respect et la complicité.

Avoir des amis (amies) sur qui compter

Parce que les amis, c'est la famille que l'on choisit…

Tenter de nouvelles expériences

Pour se sentir vivant ou vivante, pour repousser nos limites, pour se réaliser pleinement et se valoriser. Cesser de rêver et agir. Se réaliser. Ça peut être un cours de perfectionnement dans notre domaine. Ça peut être aussi un cours dans un domaine qu'on ne connaît pas du tout et qui nous intrigue depuis trop longtemps. Et si j'apprenais une autre langue? Et si je suivais des cours de guitare? Bousculer ses habitudes, cesser de se conforter dans un nid douillet et sécuritaire. OSER!

Dans ce cas-là, il faut écouter la bonne voix qui nous parle et laisser les autres en plan. J'ai lu ce qui suit dans Facebook. Je ne sais pas qui est l'auteur de cette citation, ni d'où elle provient, mais je l'aime beaucoup. Il y a tant de façons de repousser nos aspirations, tant de peurs auxquelles il faut faire face…

⁓

La fierté dit que c'est impossible.
L'expérience dit que c'est risqué.
La raison dit: c'est inutile.
« Essaie quand même », murmure le cœur!

⁓

J'ai amorcé ce chapitre en vous demandant votre âge. Physiquement, vous vous sentez comment? Je ne parle pas nécessairement de vos pattes d'oie, mais plutôt de la condition générale de votre corps.

On impose beaucoup de « supplices » à notre corps. Le stress nous fait vieillir. Les émotions négatives aussi, telles que la colère. Les abus de toutes sortes : le tabac, l'alcool, l'exposition au soleil et le manque d'exercice. Notre alimentation joue également un rôle clé dans une saine hygiène de vie. C'est un cercle vicieux : on court après le temps, on mange vite et mal, trop souvent on choisit la facilité avec la malbouffe. Lorsqu'on vit un déséquilibre intérieur, notre alimentation est déséqui-librée.

On avance que des habitudes de vie très saines peuvent nous permettre d'allonger notre espérance de vie en bonne santé d'une décennie, période qui peut s'avérer plus courte. En adoptant un mode de vie sain, il est donc possible d'avoir un âge biologique moins élevé que notre âge chronologique.

Quand j'ai commencé à m'entraîner chez Énergie Cardio il y a plus de sept ans, j'ai subi une évaluation de ma condition physique, qu'on appelle le « Fit test ». Chaque personne qui entreprend un entraînement à cet endroit doit répondre à un questionnaire et se soumettre à différents tests physiques, afin de faire le point sur sa condition physique générale.

C'est un bon indicateur, un outil qui nous montre la vie qu'on mène et qui nous donne des pistes d'amé-liorations possibles. Dans Internet, ce genre de test existe aussi, mais il n'a pas, à mon avis, la précision de ceux d'Énergie Cardio.

À votre centre d'entraînement, le *fitness test* se réalise en compagnie d'un entraîneur ou d'une entraîneuse et il précède une analyse. C'est agréable d'entamer un programme de mise en forme en sachant quoi améliorer et en se fixant des objectifs précis.

Le résultat final de l'évaluation nous donne un âge biologique tenant compte de la moyenne de nos habitudes de vie et de notre condition physique actuelle. C'est fantastique de se rajeunir en se prenant en main et d'obtenir des résultats complets en repassant le test de conditionnement physique quelques mois après avoir entamé un sérieux virage dans notre vie en général.

Je m'apprête à vous faire une confidence qui exige de moi une certaine humilité. Je suis paresseuse... et « technouille » ! (Ce terme décrit une jolie femme – en l'occurrence MOI – qui éprouve certaines difficultés avec la technologie.)

Quand vient le moment de pitonner sur l'ordinateur ou de chercher sur le Net, les choses doivent aller rapidement, sinon je me décourage. Alors, suivez ce chemin, c'est le plus facile à emprunter, croyez-moi. Sinon, je n'y serais pas parvenue. ☺

Je vous donne un lien pour passer votre test à partir de votre ordinateur. Vous allez dans www.passeport sante.net dans l'onglet Vivre en santé où il y a des tests et des jeux-questionnaires.

Vous pouvez y trouver par une recherche votre IMC, c'est-à-dire votre indice de masse corporelle. Pour le calculer, il y a l'option du site www.energiecardio. com, facile à trouver. Le calcul se fait en un tournemain.

J'ai refait le test dans les dernières heures, question de savoir où j'en suis. Je suis âgée de 45 ans du point de vue chronologique… mais mon âge biologique donne 39 ans ! Oui ! J'en suis fière, très fière. Les résultats du test me disent que j'ai des habitudes de vie qui favoriseront une belle longévité. Mais on dit également que ma génétique ne m'a pas fait de cadeaux et que je dois voir un médecin chaque année afin de m'assurer que rien ne déraille.

Quand notre voiture va mal, nous consultons notre garagiste. Mais si la mécanique de nos choix alimentaires clochait ? Pourquoi ne pas rencontrer une diététiste afin d'être guidée et bien conseillée en vue d'exercer des choix éclairés en matière d'alimentation ? Nous sommes entourés de professionnels qui connaissent des trucs et qui ont des idées pour motiver les personnes en « détresse ». J'emploie ce dernier mot parce qu'il arrive fréquemment que notre alimentation soit liée à nos émotions. Quand on comprend ce qui se passe dans notre tête et dans notre cœur, on est peut-être davantage outillée pour faire les choix sensés et santé.

Le physitest (ou l'évaluation de ma condition physique) m'écrit noir sur blanc que je suis maîtresse de ma destinée. C'est une belle motivation pour continuer à prendre soin de moi et de ma santé en général.

Et vous… quel âge avez-vous ? ☺

N'oubliez pas l'importance de laisser vivre votre enfant intérieur et de retrouver ce petit bonheur simple comme jadis. On en a à apprendre des enfants ; prenez le temps de bien les regarder. Ils sont spontanés, heureux, vivants et ont le sourire et l'humour plutôt facile. Ils expriment leurs émotions sans retenue et ne vivent pas pour le regard des autres. Ils ont compris que la vie se passe au présent, en eux.

On est aussi jeune que son cœur et vous allez remarquer qu'il y a des vieux jeunes et des jeunes vieux… Laissez vivre votre cœur au présent tel un enfant et soyez votre meilleure amie.

Rayonner
de souvenirs
inoubliables

CHAPITRE 8

Le chiffre rond

J'ai mis beaucoup de temps avant de comprendre que certaines personnes n'aimaient pas souligner leur anniversaire. Moi, je suis tout le contraire. Le 11 juin, tout mon entourage sait que je «vieillis» d'une année. Je suis une extravertie qui a besoin d'attention. Vous ne tombez pas des nues avec cette déclaration, n'est-ce pas?

Chaque année, j'essaie de célébrer mon anniversaire. Des fois c'est grandiose; d'autres fois, ma fête est plus calme… mais ce n'est jamais «plate». Je téléphone à certains amis en disant «bonne fête». Ça ne les surprend plus vraiment et ça me fait toujours rire.

Pour mes 40 ans, j'avais commandé un party à mon partenaire de vie. Je rêvais depuis un bon moment d'une soirée où tous mes amis et ma famille seraient réunis. À la blague, je disais aussi que j'aimerais que tous les hommes qui m'ont touchée de près ou de loin y soient. Il a été impossible de louer le Stade olympique de Montréal. ☺

Mon party de 40 ans a été fantastique. J'ai fait la folle en masse, j'ai dit à tous combien ils étaient importants pour moi et ce fut une merveilleuse occasion de dresser un bilan de ma vie : ce que je suis devenue et qui sont les gens qui m'entourent.

C'est peut-être ça que redoutent certaines personnes. Le bilan. Pour moi, le chiffre rond d'un anniversaire est un merveilleux prétexte pour faire l'inventaire de sa vie. Évaluer sa vie familiale, professionnelle et affective et en faire le point.

Qui sont mes vrais amis ?

Suis-je toujours amoureuse ?

Suis-je heureuse au boulot ?

Est-ce que je me réalise et me sens épanouie ?

Suis-je belle et en santé ?

Qu'est-ce que j'aimerais changer ?

La fameuse crise de la quarantaine, vous en avez déjà entendu parler ? C'est souvent à ce moment-là que de grandes décisions, parfois draconiennes, se prennent. On dit qu'elle affecte davantage les femmes. Le questionnement est la plupart du temps profond et il se traduit fréquemment par des chambardements majeurs.

Certaines vont réorienter leur carrière, d'autres vont divorcer ou retourner aux études.

C'est peut-être ça qui fait peur?

Je pense que nous avons tous un instinct naturel… une certaine peur du changement. En voyant les années passer, peut-être que les personnes moins heureuses redoutent de tourner une autre page de leur vie… surtout si elle est insatisfaisante.

Mais, puisque nous ne sommes pas éternels, il y a urgence de vivre, non?

En tout cas, puisque l'espérance de vie de la femme est de 82 ans, il reste donc quatre décennies à peine pour s'accomplir et renouer avec ses propres aspirations. TOUT est néanmoins possible!

Voici quelques trucs pour traverser cette étape importante dans la vie… sans se mentir et en toute lucidité.

Prendre son temps

Rien ne sert de courir, il ne faut pas précipiter les choses, mais bien analyser avant de prendre une décision.

Écrire

Faites une liste en deux colonnes, à gauche les POUR et à droite les CONTRE; séparez le positif du négatif. L'écriture permet de prendre un recul vis-à-vis de nos interrogations, elle nous fait voir beaucoup plus clair. Ce qu'on écrit, on le vit; ce qu'on lit nous libère.

REGARDER VERS L'AVENIR

Ça ne sert à rien de ressasser son passé. Il vaut mieux assumer ses choix. Au fond, ces derniers vous ont façonnée. Et puisque vous êtes **votre meilleure amie,** vous vous pardonnerez vos erreurs. Ne soyez pas trop dure avec vous-même.

À pas de bébé

Lentement mais sûrement, procédez à des changements, même mineurs. Ne soyez pas drastique ou extrémiste, allez-y mollo en ayant à cœur de ne pas commettre d'erreurs que vous pourriez regretter.

Si, tout comme moi, vous avez le cœur à la fête, je vous donne la recette parfaite pour un party «chiffre rond» fantastique et apprécié de tous. Et si vous lisez ceci passé le cap des 40 ans, dites-vous qu'il n'est jamais trop tard pour bien faire, que la notion du chiffre rond donne une image plus forte, et que le bilan peut très bien se dresser à n'importe quel anniversaire. Plusieurs de ces idées m'ont été inspirées par des lectures dans Internet.

Je sais, je sais… vous le saviez déjà!

Aussi spécial que cela puisse être, mes amies et moi avons développé une expertise dans les soirées de party de fête. Oui, il y a une recette gagnante. Et je vous la donne.

Les ingrédients :

✓ Une grosse dose d'humour ;

✓ Un grand potentiel d'autodérision ;

✓ Des moments de tendresse ;

✓ De la nostalgie ;

✓ De la folie… Mettez-en toujours un peu plus que ce qui est recommandé dans la recette. ☺

Tous nos partys « chiffre rond » sont composés :

a) d'une chanson humoristique à propos de la personne fêtée ;

b) d'un quiz musical relatant la vie de la personne et les chansons qui ont jalonné sa vie ;

c) d'un album de photos de la fête. On peut inviter les participants à en fournir et c'est toujours plaisant de voir ces clichés circuler en soirée. Les gens peuvent y inscrire de petits mots affectueux d'appréciation ce soir-là et cela devient un cadeau inestimable.

Ça prend aussi un discours, ou plusieurs : des hommages gentils et comiques sur la personne. Allez-y de votre imagination.

Humblement, je sais bien que nous ne sommes pas tous doués pour faire des discours devant un public. Mais n'hésitez pas à demander de l'aide aux autres invités du party. Avec une liste de courriels, vous pouvez facilement établir des contacts avec les amis de la personne en question et ainsi déléguer certaines tâches.

Pour avoir vécu ce genre de soirées plusieurs fois dans ma vie, je vous assure que ça vaut la peine d'investir du temps pour la personne aimée. Le meilleur moyen de réussir ce genre de surprise, c'est de la préparer longtemps d'avance. Adeptes de la procrastination, à vos gardes !

Votre ami « chiffre rond » va flotter des semaines durant et vous serez les fantastiques artisans et artisanes de son bonheur.

Ça, ça n'a pas de prix. ☺

Autant je crois que l'anniversaire de chaque personne doit être souligné de façon grandiose au moins une fois dans sa vie, autant je pense qu'un hommage personnalisé au moment de notre décès est incontournable.

Soyons honnêtes, la religion a pris le bord avec les années, comme on le dit familièrement au Québec, et bien peu de gens la pratiquent encore aujourd'hui. Afin de ne pas déplaire à ma belle-famille, j'ai fait baptiser ma première fille dans une église catholique. Bien franchement, son père et moi sommes allés à la messe le jour du baptême de Chloé pour ne plus jamais y retourner. J'éprouve un malaise devant cette hypocrisie. Je ne juge pas les gens qui sont bien avec cette idée, mais dans mon cas, ce n'était que pour me donner bonne conscience. Mes deux autres filles n'ont donc pas été baptisées.

Dans la logique de cette ligne de pensée, je ne souhaite certainement pas qu'on commémore mon décès dans une église, le moment venu… J'ai toujours trouvé cela étrange d'entendre un curé parler d'un défunt sans avoir connu cette personne de son vivant. Cela dit, la génération de mes parents a réellement fréquenté l'église et c'est dans leurs valeurs qu'on rappelle leur souvenir ainsi par une cérémonie religieuse. Je n'ai pas de problème avec ça, je respecte leurs convictions.

Aujourd'hui, il faut donc penser à faire les choses autrement. Voilà pourquoi, au décès de ma mère, j'avais préparé un texte dont je suis si fière. Je voulais parler de cette femme qui a tant donné à sa famille. Je refusais d'entendre un discours qui comprend les habituels compliments presque systématiquement servis aux gens que l'on célèbre à leur trépas : généreuse, empathique, à l'écoute et impliquée dans la paroisse… blablabla !

J'ai eu le privilège d'être assez présente lors des dernières semaines de vie de ma maman. Je lui ai soumis mon intention de lui rendre hommage à l'église. Je voulais qu'elle sache que je gagne ma vie en parlant, mais surtout que cette fois-là, j'ouvrirais mon cœur pour un discours plein de tendresse à son égard.

Lorsqu'elle a rendu l'âme, au matin du 28 juillet 2010, j'étais là, avec mon bedon tout rond rempli de vie. Je portais ma tempête rousse, ma Flavie. Quel grand privilège j'ai eu d'être au centre de ce qu'il y a de plus pur, c'est-à-dire entre la vie et la mort ! Ma mère quittait cette vie alors qu'une autre petite personne s'apprêtait à prendre sa propre place sur terre quelques mois plus tard.

L'inspiration pour pondre un texte sur ma mère a été tellement facile à trouver. J'ai écrit quelques pages en très peu d'heures et je me suis concentrée à apprendre ce beau texte pour ne pas craquer sous le coup de l'émotion. J'ai voulu parler de maman parce que quelques années auparavant, mon amour pour mon amoureux actuel a décuplé lorsqu'il a lui-même rendu ce genre d'hommage à son père.

Marcel est décédé subitement à l'âge de 59 ans. Devant une assistance glaciale, mon homme est monté au lutrin de la Cathédrale de Trois-Rivières afin de parler de son père qui fut si important dans sa vie. Je regardais Louis-Philippe raconter des anecdotes avec une belle assurance dans la voix. Je l'ai vu fort, vrai, rempli d'amour et de reconnaissance pour son paternel. Cela m'a tellement touchée et attendrie. C'est à ce moment-là que j'ai compris que cet homme, mon Louis-Philippe, serait un père formidable, à l'image du merveilleux exemple qu'aura été le sien dans sa propre vie. J'étais enceinte de notre première fille à nous à ce moment-là, je n'ai donc pas eu besoin d'attendre bien longtemps pour obtenir la confirmation que j'avais vu juste.

Dans la perspective que je vous propose, d'être votre meilleure amie, même si cela peut vous sembler bien difficile, je vous invite à ne pas laisser partir ceux que vous aimez sans un petit mot personnalisé à leur intention.

Certaines personnes se disent incapables de se rendre au salon mortuaire pour un dernier hommage au défunt. Elles se disent mal à l'aise et manquent de courage pour affronter la peine de ceux qui restent. Ma meilleure amie, Nancy, m'a un jour confié ceci, qui est resté gravé dans mon esprit: «C'est beaucoup plus facile de se rendre à un événement joyeux qu'à des funérailles, mais l'amour qu'on porte aux gens doit être plus fort que la peur d'affronter la douleur.»

Au nom de la personne tant aimée, laissez une trace dans le cœur des gens qui l'entourent pour une dernière fois. Célébrez la vie de cette personne plutôt que son triste départ. Rappelez-vous les bons souvenirs et faites-en un montage vidéo ou un poème à lire lors d'un service funèbre. C'est ma suggestion. Osez être différente et mettez votre touche d'amour ou même d'humour dans une lecture devant tous en l'honneur du défunt.

Souvent une visite à l'église nous laisse triste et amère, car on est habituée à un lot de rituels et de lectures bibliques. Il vous appartient de faire la différence avec amour, au départ de vos proches, et je vous incite à vous y engager. Il est prouvé que ceci vous aidera même à vivre votre deuil plus aisément. Dans le cycle de la vie, la mort nous attend tous un jour. Il faut donc profiter de chaque instant au présent.

Soyez votre meilleure amie en faisant vos demandes à vos proches pendant que vous êtes en vie. Cela peut sembler bien austère, mais n'est-il pas naturel que votre passage dans l'au-delà vous ressemble le plus possible?

Je me promets bien de faire entendre la chanson *I Can See Clearly Now* de Jimmy Cliff à tue-tête lors de mes funérailles. La version française interprétée par

Claude François, *Toi et le Soleil*, a également ses partisans. C'est une chanson remplie d'espoir et de lumière… et j'ai bien l'intention que ceux qui m'auront tant aimée se souviennent de moi à tout jamais dès qu'ils entendront les premières notes d'une ou l'autre des versions.

⁓

Trente secondes d'idées noires

Je suis assise dans l'avion avec toute ma petite famille. Nous partons deux semaines pour la Floride où nous avons l'immense bonheur de louer une grande maison pour deux semaines. Mes filles sont des enfants gâtées. Elles le savent. Nous avons ce grand privilège de pouvoir vivre des «vacances dans mes vacances», puisque je bénéficie d'une longue pause de deux mois chaque été pour refaire le plein et avoir plusieurs anecdotes à raconter à mon retour à la radio à la fin d'août.

Assise dans l'avion, l'espace de quelques secondes, j'entre dans le côté sombre des choses. Et si l'avion s'écrasait? Ça n'arrive pas qu'aux autres. Et si nous étions victimes de terroristes? Le vol MH17 vient d'être abattu en plein ciel cette semaine (17 juillet 2014) au-dessus de l'Ukraine. Et si une de mes filles se faisait kidnapper à l'aéroport? Et si… et si?

Ça ne dure pas longtemps. Tout juste quelques secondes. Je fais rapidement la part des choses. N'empêche que l'imagination a cette faculté de nous guider vers les plus sombres retranchements de notre vulnérabilité. Il ne faut pas aller là. Sérieusement. Chaque fois que j'ai une idée noire, je ne lui accorde que 30 secondes de mon temps. Elle ne mérite pas mieux. Je suis superstitieuse et je touche du bois quand je dis que ça va bien… et si je m'imagine les pires scénarios, je me dis rapidement « non, je ne vais pas là ». Trente secondes, les amies. Pas plus.

Quelques idées sombres qui me sont passées par la tête… pendant 30 secondes.

Mon chum qui sort faire une commission dont il ne reviendra jamais. Mystère. Trente secondes.

J'en rajoute avec lui, parce que chaque année il part assister à une course d'un circuit NASCAR aux États-Unis avec son meilleur ami. Souvent mon imagination en profite pour me donner une demi-minute de frayeur terrible. Un accident en route vers les Américains. Une bagarre dans un bar et un coup mortel. Et si… ? Trente secondes. Trente secondes mais pas plus, même si c'est difficile.

Une de mes filles est foudroyée par une maladie incurable. Le maudit cancer, par exemple. Trente secondes.

Pendant mes trois grossesses, je me suis raconté de folles histoires. Si la petite était autiste ? Si elle s'étouffait avec son cordon ombilical ? Si elle avait une énorme tache de vin au visage ? J'espère au moins que ce sera du vin blanc ! Trente secondes.

Victime d'un AVC, je perds la parole. Trente secondes.

Petit exercice ici. Plongez dans vos pires scénarios d'horreur. Écrivez-les… faites-en une liste. Vous verrez, quand on écrit nos histoires les plus sombres, on les relit et on se dit que c'est exagéré. Je suis certaine que plusieurs d'entre vous auront écrit à propos de leur peur de perdre l'amour des autres et de se voir abandonnée. Pourquoi avez-vous ces peurs? Qu'est-ce qui vous fait croire qu'on pourrait cesser de vous aimer?

C'est beaucoup trop. Trente secondes, pas plus. Sortez vite de là. Vite, vite, vite !

Notre cerveau peut fabriquer les plus belles images, comme nous donner des visions d'horreur à glacer le sang. Il faut choisir ses images. De toute façon, la vie se charge de nous en mettre plein la tête sans qu'on ait vraiment le choix; alors il vaut mieux prendre le contrôle de ce que nous pouvons contrôler quand c'est possible.

Je ne crois pas que nous sommes maîtres de tout. Je crois plutôt qu'il y a une route, toute dessinée devant nous, mais que nous pouvons choisir les bottines à enfiler. J'ai choisi des bottines roses. Parfois elles sont rouges, quand j'ai besoin de plus de mordant pour affronter la vie.

La phrase la plus pessimiste de ce livre est la suivante :

C'est épeurant, vivre. Quand on s'arrête à y penser, ça fait réellement peur. Tout est possible.

Tout est possible aussi du bon côté des choses. Je connais plusieurs personnes qui profitent des épreuves de la vie pour apprendre et devenir meilleures. Je suis du nombre.

Ça peut sembler étrange, mais parfois, j'aime me replonger dans ma tristesse pour donner encore plus de valeur au moment présent. Comme tout le monde, j'ai commis des erreurs et fait de mauvais choix. Je me le suis pardonnée depuis longtemps. N'empêche que je suis contente d'avoir surmonté mes épreuves et je me sens plus forte pour les prochaines. Parce que... oui, il y en aura d'autres. La vie est ainsi faite. J'immortalise dans ma tête et dans mon cœur chaque moment merveilleux. Je m'en fais des réserves pour les jours plus gris.

Je préfère penser que même si c'est terrifiant de vivre, c'est surtout fabuleux de penser qu'on va vers l'inconnu et qu'on trouvera la force d'affronter ce qui se présentera sur notre chemin. N'oublions pas que « la vie » nous envoie les épreuves que nous sommes capables d'affronter. Bien franchement, je trouve cette phrase simpliste. On n'a pas le choix de nos épreuves, mais on a le choix d'y faire face avec force et courage.

Tout le monde rêve d'une vie sans épreuves, mais ça ne s'appelle pas une vie.

C'est merveilleux de vivre, même si ça fait peur! Les joies nous font sentir vivante, mais les peines encore davantage. Il s'agit de les affronter d'une bonne façon. Il faut mordre dans sa vie. Sans peur avec une attitude d'effrontée prête à TOUT!

J'aime beaucoup cette phrase de Nicole Bordeleau, maître en yoga et auteure: « Continuez à avancer et lorsque vous êtes sur le point de vous décourager, jetez un coup d'œil en arrière pour voir tout le chemin parcouru. »

On est aussi malade que nos pensées et il est bien de cultiver sainement notre jardin intérieur. Au décès du célèbre acteur Robin Williams, j'ai lu une phrase qu'il avait énoncée peu avant son départ pour l'autre monde et qui m'a marquée : « Ce sont parfois les gens qui semblent les plus heureux qui se couchent en pleurant. » Si un jour ce type de pensée vous habite, parlez-en à vos proches, gardez toujours votre courage et persévérez. Il y a trois aveux très difficiles à faire : je t'aime, je m'excuse et j'ai besoin d'aide. Si cela s'applique à vous, sachez que l'on n'est jamais seule en étant d'abord sa meilleure amie.

Ma mère

Je suis une femme ouverte aux autres, ce qui m'a toujours nourrie intérieurement. J'adore ces instants qui nous « remplissent ». J'ai besoin de vivre des échanges authentiques, d'écouter, de parler, ce qui a forgé l'être humain que je suis devenue au fil du temps.

En général, j'aime aller à la rencontre des gens, je m'intéresse à ce qu'ils sont et à ce qu'ils deviennent. En 25 ans de carrière, j'ai croisé des individus au contact tellement enrichissant… j'ai retenu des paroles que je me répète. Dans cet écrit, je vous les transmets avec bonheur en espérant vous faire du bien.

Vingt-cinq années de carrière font ma fierté. Mes quarante-cinq années de vie me rendent également très fière. Je suis en santé, j'en prends d'ailleurs un soin jaloux. Je suis une femme, mais aussi une maman, une amoureuse, une amante, une animatrice, une auteure, une conférencière, une amie, une sœur... Je suis tout cela. J'essaie de trouver un équilibre entre ces différents rôles qui font que je suis moi et surtout qui tissent mon bonheur.

Parmi les rencontres les plus déterminantes de mon existence, il y a celle de ma mère.

Je suis la deuxième d'une famille de quatre enfants. Mes parents ont été fantastiques sur toute la ligne. À son troisième enfant, ma mère a pris la décision de quitter le marché du travail afin de prendre soin de la famille à plein temps. Elle était pourtant une excellente secrétaire de direction.

J'ai souvenir d'une photo qui m'a marquée quand j'étais petite. Maman y pleure, très émue, en recevant son cadeau de départ des Industries Couture. Cette photo m'a attristée. Peut-être que je comprenais déjà, à l'époque, que ma mère faisait un immense sacrifice en laissant derrière elle cette valorisante carrière pour devenir une femme au foyer. Le moins qu'on puisse dire, c'est qu'elle s'est acquittée de sa tâche d'une merveilleuse façon, laissant TOUJOURS passer ses enfants avant elle. C'est là que je puise beaucoup d'inspiration afin de trouver un équilibre entre les différents rôles que je tiens dans ma propre existence.

Ma mère a surtout été une mère. Sa propre mère est décédée alors qu'elle n'avait que 16 ans. Du coup, maman a pris en charge ses frères et sœurs et a abandonné ses études afin de se consacrer à un rôle qu'elle n'avait certainement pas choisi.

Et la suite, vous la connaissez : de secrétaire à mère à la maison, elle a donc élevé une autre famille, la sienne, et donné naissance à son petit dernier, Patrice, à l'âge de 40 ans.

J'ai beaucoup de respect pour les femmes qui choisissent de mettre la vie de famille au premier plan en restant à la maison. J'ai aussi beaucoup de respect pour celles qui n'ont pas le choix de faire ce choix… ☺

Cela dit, peut-être que j'ai manqué quelques subtilités à propos des choix et des émotions de ma mère. Il n'en demeure pas moins que j'ai l'impression qu'elle s'est sacrifiée à outrance afin de nous rendre heureux… et qu'elle s'est beaucoup trop oubliée elle-même.

Elle m'a déjà confié qu'elle ne voulait pas déranger les autres en débarquant avec une « grosse » famille en visite. Mais l'image la plus forte que je retiens de cette rigueur qui l'empoisonnait remonte à Noël 2002. Une simple anecdote, un simple choix. Une petite décision qui fait boule de neige dans une existence. (Peut-être que j'exagère, mais c'est mon exemple probant sur ma théorie à propos de maman.)

Nous étions en visite chez mes parents pour le temps des fêtes. Toute la famille était réunie pour célébrer Noël : mes deux sœurs, mon frère et leurs familles respectives ainsi que moi-même avec ma fille Chloé, alors âgée de deux ans, et Luc son père.

Mon père avait entendu parler d'un homme d'une paroisse avoisinante qui présentait une crèche vivante dans son garage avec sentiers de neige et animation. Un endroit qu'on qualifiait de féerique et très agréable pour les enfants. Vers 16 h 30, il nous propose d'aller y faire un tour, en groupe, et de profiter de ce beau moment pour voir briller les yeux de nos tout-petits. Tout le monde accepte cette petite sortie avec enthousiasme, mais ma mère demeure rigide et décide de rester à la maison. J'ai beau la supplier et lui dire que ça sera magique, rien n'y fait. Elle DOIT rester à la maison, elle DOIT préparer la salade pour le souper.

J'étais au début de la trentaine et je me souviens très bien de la frustration que j'ai ressentie devant une telle rigueur pour une salade. Une salade !

Dans la tête de ma mère, elle avait une mission à accomplir : faire en sorte que tout le monde soupe à la bonne heure. Un point c'est tout.

Cette image demeure incrustée dans mon esprit et j'ai un symbole de « pause » qui s'affiche dans ma tête. Peser sur pause. Arrêter le temps. Prendre le temps. Faire les bons choix et savourer l'instant présent. Je ne suis pas fâchée contre elle. Au contraire. Ça me rend encore plus admirative. Reste qu'elle est issue d'une génération qui a beaucoup trop appris à être généreuse, à penser aux autres. Surtout, à ne pas être égoïste. C'est un bagage très lourd à porter.

Un jour, les enfants grandissent, ils ont moins besoin de leur mère, elle doit se reconstruire et se valoriser autrement. Maman a fait beaucoup de bénévolat et œuvré au sein de plusieurs organismes. Elle a été généreuse jusqu'à la fin de sa vie. Elle s'est éteinte en juillet 2010, d'un cancer, à l'âge de 69 ans. Il y avait tellement de gens au salon funéraire. C'est évident que mes parents sont des gens aimés et respectés dans leur communauté. Ça m'a vraiment fait chaud au cœur.

La maladie a vite emporté ma mère. On nous a annoncé son cancer le 23 juin et le 28 juillet elle rendait l'âme. Nous avons toujours été une famille unie. Notre premier « selfie » familial a été croqué ce 23 juin fatidique. Nous lui avons tous rendu visite à l'hôpital pour ensuite aller nous gaver d'une grosse crème glacée molle trempée dans le chocolat. Aussi niaiseux que cela puisse paraître, on s'est sentis proches les uns des autres, prêts à affronter la tempête et à se dire encore plus profondément « une chance qu'on s'a ».

Je ne veux pas donner dans la psychologie populaire, mais il m'est impossible de dissocier ma propre quête de l'amour, qui fut des plus ardues, de la vie amoureuse de ma mère.

On m'a expliqué que j'ai fait de la psychologie inversée. Je mène ma vie en tentant de donner et en faisant preuve de générosité, sans nécessairement toujours m'oublier. C'est très bon de donner, mais il faut savoir penser à soi.

Quand je fais allusion aux choix de ma mère et je mentionne qu'elle n'a pas su trouver un bel équilibre entre ses différents rôles dans la vie, je me souviens d'une expérience très particulière, que j'ai vécue il y a une décennie.

Il faut d'abord savoir que j'ai donné plusieurs chances à l'amour. ☺

Je dis souvent à la blague que j'ai été officiellement célibataire pendant 20 minutes. J'ai eu beaucoup de *chums*, des gars de toutes sortes avec qui, franchement chaque fois, je pensais avoir trouvé le véritable amour. En réalité, ces relations étaient plus souvent basées sur le désir et la passion que sur l'amour véritable. Je suis restée beaucoup trop longtemps avec certains, croyant à tort que je les changerais ou qu'ils finiraient par vraiment être fous d'amour pour moi!

Aujourd'hui, j'aime énoncer cette phrase au profit de mes amies à la recherche d'un bonheur amoureux: «Trouve-toi un homme qui t'aime, et qui *tripe* sur toi. Rien de moins.»

Ce n'est vraiment pas facile à trouver. Mais mon expérience personnelle me ramène à ces soirs où je m'endormais près d'un homme, habitée d'une lourde sensation de vide intérieur. Il n'y a rien de pire, je pense, qu'être seule à deux. ☺

Quand Luc et moi nous sommes séparés, tout s'est merveilleusement bien déroulé (*voir le passage sur la rupture*). N'empêche qu'un élan de frustration m'a envahie un an après cette rupture facile. Je ne pouvais pas m'expliquer mon accès de colère envers lui. Je me suis dit qu'il était beaucoup trop tard pour ressasser le passé alors que tout allait vraiment bien avec cet ex-conjoint.

Je me suis donc tournée vers une bonne psychologue, dans l'espoir qu'elle m'aide à comprendre mes sentiments. Après quelques séances de défoulement des plus salvatrices, Isabelle m'a proposé une séance d'hypnose afin de connaître mes sentiments profonds.

Lors de cette séance, je me suis complètement abandonnée et j'ai suivi ses indications à la lettre.

Ça commence par la douce voix d'Isabelle, qui me guide vers un escalier que je dois descendre. Il est très long, une cinquantaine de marches au moins. Rendue en bas, j'ouvre une porte et je me retrouve sur une plage. Ma guide me demande alors de cueillir quelques coquillages, ce que je fais de plein gré. Je ne connais rien à l'hypnose, mais je devine que c'est pour me faire entrer dans une phase de concentration profonde. Fait spécial pour moi qui n'avais jamais vécu ce genre de thérapie, j'ai conscience de tout ce qui se déroule, lucide au maximum, et je ressens très bien mon moi profond. Je ne suis nullement psychologue et je vous relate ma simple expérience personnelle et l'analyse que j'en fais.

Une fois mes coquillages ramassés, on m'indique de remonter l'escalier. J'ouvre alors une porte, vers la lumière, et je me retrouve devant une grande maison grise et sans éclat. Une maison aux stores fermés. Avec une grande galerie. Isabelle m'invite à y entrer. Je décris bien sûr tout ce que je vois. Il n'y a pas de couleur et cet endroit est d'une froideur extrême. Tout est en bois. Tout est lugubre et l'ambiance est lourde.

En avançant lentement dans cette maison, je commence à sentir une grande tristesse m'envahir. Je marche.

Encore aujourd'hui, je peux clairement me souvenir du regard triste que ma mère affiche alors que je la découvre, au comptoir dans la cuisine. C'est à ce moment-là que je me mets à pleurer comme je n'ai jamais pleuré. Je pleure et je suis si triste. Or cette tristesse ne m'appartient pas. Je sais que je pleure pour maman, à sa place, pour ses choix de vie et surtout, je pleure une peine qui ne devrait pas m'envahir.

On a souvent entendu cette phrase : « Ça ne m'appartient pas. » Ce jour-là, j'ai compris que la peine de ma mère ne m'appartenait pas. En fait, je ne sais pas vraiment si elle a ressenti cette peine dans sa vie. Sans doute s'agit-il de ma propre interprétation des sentiments de ma mère. Elle a mené une vie de sacrifices à mes yeux, laissant tellement peu de place à un autre rôle que celui de mère. Moi, je n'ai jamais voulu reproduire ce genre de vie. Alors j'ai toujours eu besoin de m'épanouir à tous les niveaux. Peut-être qu'elle aurait fait autrement si ça avait été à recommencer. Je ne sais pas. Je ne le saurai jamais. Mais en tout cas, cette peine, cette interprétation, je l'ai laissée disparaître dans un geste des plus symboliques qu'Isabelle m'a invitée à poser.

Elle m'a dit : « Josée, prends cette peine, mets-la dans cette montgolfière ici et laisse-la s'envoler. » Ben oui, pouvez-vous croire qu'il y avait une petite montgolfière sur la galerie à ma sortie de la maison ? Spécial et cocasse. J'y songe, maintenant que je vous écris ça. ☺

J'ai eu amplement le temps de décanter mes idées sur cette expérience de vie. Ça remonte déjà à une dizaine d'années. Aujourd'hui, je sais que j'ai souvent fait des choix amoureux qui ne me convenaient pas. J'ai souvent craint les déceptions amoureuses. J'ai parfois choisi des amoureux en fonction de l'opinion de mes parents et, à 26 ans, je me suis vite mariée afin de me caser… encore pour plaire à mes parents, qui ne m'avaient pourtant rien demandé en ce sens.

Je sais aussi que la vie et les choix de vie des autres ne nous appartiennent pas et il est bon d'en être conscient pour en demeurer détaché. Je sais que nos peines suffisent en masse à nous tenir occupés toute une vie. On peut bien conseiller les gens sur leurs choix, mais le dernier mot leur reviendra toujours.

∿

« POUR ÊTRE HEUREUSE,
LAISSE S'ENVOLER CE QUI TE REND TRISTE. »
— Paule Lévesque

∿

Hommage à maman

Pour les uns, c'était madame Boudreault, et pour certains, madame Truchon ; plusieurs l'ont simplement appelée Louise. Parfois papa disait « mon chou » !

Nous étions quatre à l'appeler maman, et dix à dire affectueusement « grand-maman ». À dire vrai, neuf et demi. L'enfant que je portais s'est appelée Flavie dès qu'on a su que c'était une petite fille. FLAVIE, qui avant de pouvoir bien prononcer son prénom, dira « La Vie » !

Au chevet de ma mère, dans la dernière nuit de sa vie, j'ai longuement caressé mon ventre en lui tenant la main. La vie et la mort se sont côtoyées dans un moment de grand privilège qu'il m'a été donné de vivre… Merci, maman !

Notre p'tite maman est partie bien vite, trop vite. Elle s'était promis de payer toute une traite à ses frères et sœurs pour ses 70 ans, le printemps venu. Sa maladie a été dévastatrice, ma mère n'a pas pu résister jusqu'au printemps. Mais notre famille si unie a profité de chaque instant pour lui dire « je t'aime » et se remémorer les joies et les peines vécues en sa compagnie.

Maman, tel un grand chêne, a été de toutes les tempêtes de nos existences respectives. La difficile venue au monde d'Emma-Rose, la grave dépression de Dany, l'infarctus de papa, le décès d'André, mon divorce et les peines d'amour de Patrice. Avec le recul, on se rend compte que la vie, c'est de l'ouvrage… mais maman était faite pour « la grosse ouvrage » !

« La grosse ouvrage », ç'aura été de tenir maison pendant toutes ces années avec un professionnalisme difficile à égaler. Avec la maladie, papa a dû lui aussi mettre la main à la pâte et il est rapidement devenu le « king » du porte-poussière… Il est devenu presque aussi zélé qu'elle en matière d'entretien ménager.

Avec maman, les stores, ça ne s'ouvre pas de n'importe quelle façon… Demandez-le à Yvon !

Elle avait ses habitudes, sa façon de faire, puis on est si fiers du respect que papa a accordé à tous ces petits détails qui faisaient une différence pour maman.

Parce que le respect, tout notre respect, elle l'a tellement mérité.

Pour ses petits mots et les galettes en cœur dans nos boîtes à lunch à la Saint-Valentin…

Pour sa discrétion, son oubli de soi, sa tourtière et son gâteau aux bananes… puis tous les gâteaux de fête personnalisés qu'elle nous a cuisinés avec une grande adresse.

Pour son écoute et son accueil chaleureux de nos conjoints respectifs. Ça prenait toute une ouverture d'esprit pour me suivre, en tout cas.

Pour son talent en couture, son imagination débordante et tous les splendides costumes d'halloween.

Pour nos partys de poupées qu'elle prenait au sérieux, au point de les agrémenter d'un succulent buffet…

Pour tous ces repas de Noël où la table n'a cessé de s'agrandir avec le temps…

Pour le défilé des petits-enfants l'an dernier… En plein réveillon, elle a amené tous ses petits-enfants dans sa chambre et les a déguisés avec un costume propre à chacun et qui le représentait bien. Ils sont redescendus dans le sous-sol dans un brouhaha de fous rires.

Le temps s'est arrêté ce soir-là. Maman nous a confié par la suite qu'elle craignait que certains petits ne veuillent pas la suivre dans sa folie. Au contraire ! Leur enthousiasme formidable me fait penser qu'au fond, ils savaient ou pressentaient que c'était son dernier Noël avec nous.

Ma mère était une rassembleuse. Une femme d'une générosité immense. Le bénévolat avait pris une grande importance dans sa vie au cours des dernières années et elle donnait de son temps aux malades et aux personnes âgées avec un bonheur contagieux. Elle aimait tellement ça! On a trouvé sa carte de bénévole cette semaine… Ce qu'elle a accompli comme personne volontaire nous honore tous.

Sa façon de quitter en dit tellement long sur sa manière de nous traiter tout au long de sa vie. Elle a pris grand soin de nous attendre, Sylvie et moi, qui avons traversé le parc des Laurentides le cœur assailli par une immense tristesse…

Dans le silence de sa dernière nuit, au contact d'une douce caresse sur sa joue, elle a souri pour une dernière fois à papa. Caroline a aussi eu droit à ce grand moment de grâce.

Au matin de son départ, seul Patrice était absent… retenu par son travail. Nous avons la conviction qu'il avait l'accord de maman. Je l'entends en pensée: « Patrice, t'as une nouvelle *job*, va travailler mon homme, ta place est là. » Voilà pourquoi mon frère est serein et content d'avoir encore une fois écouté sa maman.

Depuis quelques jours, on fouille à la maison, à la recherche de parcelles d'éternité… On regarde des photos, on retrouve des lettres d'amour, des cartes de souhaits…

On pleure beaucoup, mais on rit aussi! Maman avait un certificat juvénile en sécurité aquatique dans son portefeuille! Elle nageait comme une roche! Notre « Esther Williams » !

On a aussi trouvé un macaron où il est écrit : « La coupe Stanley à Québec, moi j'y crois! Go, Nordiques, Go! » Désolée pour les fans du Canadien! Désolée, Réal, pour cette brève trahison!

Puis, parmi tous ses trésors, *Dis-moi, grand-mère…* – *Le Livre de la famille*. Un album de famille qu'elle a rempli pour sa première petite-fille, Emma-Rose : un legs inestimable très révélateur à propos d'elle…

Il y est écrit : « Comment entrevois-tu l'avenir de tes enfants ? » Elle a répondu : « Je veux qu'ils soient heureux, qu'ils vivent bien et qu'ils soient heureux dans les métiers qu'ils auront choisis. »

On demande aussi : « Quelle est la plus grande chance de ta vie ? » Elle répond : « Avoir eu mes quatre enfants. »

À la question « La plus importante rencontre de ta vie ? », elle a précisé pour Emma-Rose : « Celle de ton grand-père Yvon. »

Une malchance ? « La vie m'a assez bien gâtée. »

« Aimerais-tu voyager ?

— Non, pas tellement. »

L'auteure, Andrée Martinerie, y allait de cette suggestion : « Grand-maman, écris les choses importantes que tu veux me transmettre.» Maman a alors écrit : «Va toujours au bout de tes rêves. Ne te considère jamais comme vaincue. Il faut toujours lutter pour réaliser ses choix et ses rêves… le respect envers tes parents et envers ton entourage.»

Le temps était venu pour elle de tirer sa révérence.

Pour tout ce que tu as été, et tout ce que tu laisses à jamais gravé dans nos cœurs :

Merci, madame Boudreault

Merci, madame Truchon

Merci, Louise.

Merci, grand-maman

Merci, maman.

Faisons-lui l'ovation qu'elle mérite à la hauteur de ce qu'elle a été pour chacun de nous… Merci, MAMAN.

(*Hommage livré le jour des funérailles de maman*).

Se mettre à nu

CHAPITRE 9

Ma dépendance affective

À vrai dire, je ne savais pas trop quel titre donner à ce chapitre. Il aurait pu simplement s'intituler « Mes hommes ». Ça pourrait aussi être « Ma vie amoureuse en 57 courtes histoires » ou encore « Le fiasco avant le gros lot » !

Vous devinez que j'ai eu beaucoup de copains, une multitude d'aventures. Ce serait mentir que d'écrire beaucoup d'*amoureux* : le terme serait trop fort. Mais j'ai certes donné beaucoup de chances à l'amour... qui ne s'est pas souvent présenté au rendez-vous.

Déjà à l'adolescence, j'avais une certaine facilité à additionner les copains. J'avais la confiance et le courage de faire le premier pas et les garçons qui n'avaient pas froid aux yeux osaient prendre la main que je leur tendais. Par contre, plusieurs ont pris leurs jambes à leur

cou en apprenant mon intérêt. Je les comprends tellement ! J'étais assez épeurante pour un jeune pubère !
Disons que mon « front de bœuf » donnait l'impression
d'une fille facile. Quiconque n'était pas prêt à passer à
une étape plus sérieuse de sa vie sexuelle pouvait être
très intimidé.

Pourtant, j'étais beaucoup plus une « grande par-
leuse, petite faiseuse ». ☺

Je sais bien cependant que j'ai toujours cherché à
plaire, d'une façon même démesurée. Vers l'âge de cinq
ou six ans, je me changeais de robe plusieurs fois par
jour et me pavanais devant mes amis à la recherche de
compliments. Ce besoin de plaire et ce manque de confiance pourraient s'expliquer de plusieurs façons.

Dans mon livre à moi, j'ai manqué de compliments
de la part de mon père. Mon père ne nous a jamais dit,
à mes sœurs et à moi, que nous étions belles. Il n'a pas
voulu mal faire. Il était très scrupuleux, à l'instar des
hommes de sa génération. La plupart ne dévoilaient
rien de leurs sentiments. Il « était à sa place ». N'empêche
que mon père a été, et est toujours, un père aimant. Il
n'aurait jamais voulu être tant soit peu déplacé. Voilà
pourquoi il s'est abstenu du moindre commentaire,
élogieux ou non. Mais si vous connaissez les bases du
complexe d'Œdipe, vous saisissez que sur ce plan, mon
père a un peu raté le train. Or cela a eu des répercussions
assez marquantes dans ma vie affective et amoureuse.

Aujourd'hui, il s'est amélioré. Je l'ai parfois entendu
dire de gentilles choses à mes filles, entre autres. Évidemment, cela nécessite un certain effort de sa part. Je ne

sais pas où il a appris le principe. Peut-être qu'il a compris l'importance et le poids des compliments sur une jeune fille. Tant mieux si cela se répercute sur la vie en général de mes trois petites femmes en devenir. De toute façon, mes filles ont la chance de recevoir une pluie quotidienne de compliments de leurs pères respectifs.

Le regard que l'on porte sur autrui a une importance capitale. L'approbation de nos parents également. Avec le recul, je m'explique mes nombreuses conquêtes de cette façon : j'ai peut-être voulu prouver ma capacité de séduction à mon père ; j'ai peut-être cherché à me confirmer que j'étais jolie en multipliant les relations « amoureuses ». Je n'ai pas consulté de psychologue pour en arriver à cette conclusion. C'est l'intuition qui joue son rôle.

Un mélange de spontanéité, de naïveté, d'instinct mal géré m'a donc entraînée dans un tourbillon de relations amoureuses. Cela a fait partie de mon apprentissage. Bien sûr, mes choix amoureux ont souvent laissé à désirer. Je tendais l'hameçon à des maquereaux qui ne me convenaient pas toujours. J'ai sûrement voulu me prouver ma capacité de séduire. J'ai aussi manqué d'estime envers moi-même et j'ai voulu me valoriser avec mes multiples conquêtes. J'étais la proie d'une dépendance affective pure.

En toute humilité, je vois bien aujourd'hui que j'aurais dû vivre mes deuils, plutôt que d'enchaîner les relations sans d'abord régler mon passé.

J'ai lu que pour bien faire le deuil de nos relations, il y a une équation mathématique éprouvée. Pour chaque année de relation, on devrait demeurer seule un mois. Deux années attirent donc deux mois de célibat et trois ans, trois mois. Je me suis royalement trompée ! Je n'ai jamais été très forte en mathématiques ! ☺ J'ai seulement appliqué l'équation $1 + 1 = 2$... sans trop me poser de questions.

À l'adolescence, je passais d'un petit ami à un autre. Une relation plus sérieuse avec Alain R s'est terminée – bang ! – sans crier gare, un certain matin de début d'année scolaire. Il était un amoureux fantastique et si prévenant. Je me suis vite désintéressée de lui... parce qu'attirée par un autre gars de l'école, tout simplement. On peut m'accuser de tous les torts, mais en tout cas, je ne courais pas deux lièvres à la fois. J'étais jeune, à peine 16 ou 17 ans. À cet âge, on peut mettre ce genre de conduite sur le dos de l'immaturité.

J'ai revu Alain R il y a un an tout au plus. En fait, sa belle amoureuse, Marie, est venue à moi un matin lors de la marche pour le cancer du sein à Montréal. Elle s'est approchée, tout sourire et radieuse, me racontant d'abord qu'elle sortait à peine de nombreux traitements contre un cancer du sein. J'écoutais avec admiration, la trouvant resplendissante et pétante de bonheur. Puis elle m'a dit : « Je suis la conjointe d'Alain R. » Si vous saviez comme j'étais heureuse de la rencontrer. Heureuse de pouvoir lui dire à quel point elle est avec un homme fantastique, généreux, sensible. Elle le savait déjà. ☺

Ça m'a fait du bien de voir un couple heureux, de comprendre que le temps fait son œuvre, et de constater qu'Alain m'avait pardonné depuis belle lurette mes agissements pathétiques de l'époque...

Je ne regrette rien. Ou presque. Mais je suis surtout mécontente de ces soirées sans lendemain où je me sentais souillée et je m'en repens. Coucher avec un homme par pur besoin de séduction et d'affection, c'est tellement humiliant. Avec le temps, j'ai bien compris qu'au fond, le jeu de la séduction m'allumait. Je n'avais pas besoin de me rendre jusqu'au lit d'un inconnu pour combler ce manque d'affection. Il m'a fallu plusieurs réveils dégradants pour saisir cette réalité. Au fil de ces rencontres éphémères, un vide toujours plus profond nous culpabilise et nous dégoûte de nous-même au réveil. Quand j'y pense, j'ai honte. Salutations à tous les participants de cette douloureuse thérapie ! Et merci ! ☺

Mon autre regret, c'est le mal que j'ai pu faire à certains hommes. À l'âge adulte, je ne pouvais pas attribuer ce comportement au manque de maturité. J'étais dure. Presque impitoyable au moment de la rupture. Je m'excuse pour cette attitude minable. Je comprends maintenant que j'étais blessée, mais sans être foncièrement une jeune femme méchante.

Vers l'âge de 22 ans, j'ai laissé un gars en plan, un vendredi soir, au téléphone. Une relation d'environ deux ans, foutue en l'air comme ça, sans explication. Pauvre Alain L. Eh oui ! Les Alain ont un karma terrible avec moi.

Je m'en veux encore aujourd'hui d'avoir été sans-cœur envers lui. Il méritait au moins que je lui avoue que j'avais un autre homme dans ma mire. Il a eu beaucoup de peine. Il est venu chercher ses effets personnels quelques semaines plus tard. Amaigri et triste. Quelle honte j'en éprouve encore ! Je me pardonne cette bourde liée à ma jeunesse insouciante. Mais j'ai toujours un intense malaise quand j'y pense et j'assume ce sentiment. C'est peut-être une façon de me pardonner et de ne pas oublier, pour ne surtout jamais plus agir ainsi avec personne.

Aujourd'hui, quand une personne me raconte qu'elle a été larguée par texto, je me dis que l'autre a manqué une très belle occasion de se montrer respectueux. Puis je me rappelle Alain L. Je n'étais guère mieux... C'est juste que les textos n'existaient pas encore en 1990.

D'Alain L, je suis passée à François, le ténébreux journaliste tourmenté par ses démons, que je me croyais capable de transformer en amant romantique. Pauvre François. Il consultait une psychologue depuis huit années afin d'apprendre à se laisser aller en amour et à enfin s'abandonner. J'ai pataugé dans cette relation impossible pendant près d'une année et j'ai attendu qu'il mette lui-même un terme à notre union. Il fallait que je sois sérieusement dépendante pour accepter de vivre avec un homme incapable d'aimer. Ou à tout le moins, incapable de m'aimer. Je souhaite que la vie ait été bonne avec lui, mais pour être tout à fait honnête, je ne vois pas comment il aurait pu, malgré tout ce temps de thérapie, trouver la paix intérieure et la clé de ses tourments ancrés si profondément en lui.

Avec François, j'ai appris qu'on ne change pas les gens. La transformation doit venir de la personne elle-même. Et là encore, parfois les gens sont impuissants devant leurs carences et leurs faiblesses. Ça ne m'appartenait pas, voilà tout. J'ai appris aussi que rien n'est plus triste que cette phrase en amour : « Je vais faire un effort, je vais tâcher de t'aimer… »

S'efforcer de m'aimer ? Améliorer certaines choses, oui. Mais travailler pour m'aimer ? J'ai appris, en tout cas, du moins en ce qui me concerne, que l'amour, c'est facile. On aime ou on n'aime pas. Vous allez peut-être trouver ma comparaison boiteuse, mais en amour, on est comme dans une cabine d'essayage avec une jolie robe. Si t'es pas sûre, t'achètes pas. Je reviens donc à cette phrase que j'ai répétée à maintes reprises à mes amies : « Trouve-toi un homme qui t'aime et qui *tripe* sur toi. »

Je l'ai cherché longtemps, mon Jackpot. Il ne s'est présenté dans ma vie qu'autour de la mi-trentaine…

Je n'ai évidemment pas laissé la poussière retomber après François. Je me suis aussitôt éprise de Michel N, un père célibataire ayant la garde non partagée de sa fille de cinq ans. J'étais alors âgée de 23 ans. Ma nouvelle conquête, rencontrée au boulot, était un type bien gentil, dont la priorité demeurait sa fille, chose que je ne pouvais pas comprendre puisque je n'avais pas encore d'enfant à ce moment précis de ma vie. J'ai passé un été à attendre des miettes de temps qui ne sont jamais venues. Je me souviens de cette chaleur estivale à Trois-Rivières et de ma très grande solitude. Les festivals se succèdent. Les gens marchent sur la rue des Forges et je suis seule, presque zombie, en attente de je-ne-sais-quoi. Incapable de faire mon propre bonheur, j'attends. J'attends une place dans la vie de Michel N.

Pouvez-vous croire que c'est lui qui m'a quittée ? Il est parti travailler en Outaouais. Fin de la relation. Peine éclair d'environ deux ou trois jours. J'ai vite repris le chemin des soirées sans lendemain. Ouf! J'écris tout cela et je me sens tellement vulnérable. Cela dit, je suis quand même solide. Si je me permets de vous écrire, de vous rencontrer et de vous parler de ma vision de la vie en conférence, je veux aussi que vous sachiez que cette femme positive et enjouée que je suis aujourd'hui a aussi, pendant un long moment, mordu la poussière.

Trouver un équilibre, c'est si difficile. Faire face à ses démons. Assumer ses faiblesses, les erreurs du passé. Voilà où réside toute notre force. Quand je pense à toutes ces soirées de «solitude accompagnée», je me sens triste, mais je suis aussi capable d'en rire. J'appelle ça mon «épopée rock». Mon espace de vie consacré à la recherche de l'homme, mon homme, mon amoureux.

Je n'ai pas souvent laissé le temps aux hommes de me désirer. Je m'offrais, rapidement, sans le moindre effort de conquête. Rien de très allumant pour ces prédateurs d'occasion que sont les hommes. Je repartais avec ce vide encore plus intensément ressenti. Cette estime de moi au plus bas. Il m'arrivait après une histoire d'un soir d'espérer devenir la blonde d'un inconnu. Les hommes ne fréquentent pas leurs histoires d'un soir. Ça arrive rarement en tout cas. Chose certaine, pas avec moi.

Quelques mois après Michel N et quelques histoires d'un soir plus tard, une amie m'a présenté celui qui allait devenir mon mari. Nous sommes en 1994, j'ai 24 ans. Jocelyn m'avait vue en reportage dans une piscine à vagues avec un joli maillot et un fou rire… Il a été conquis. Quelques heures à rire comme des fous dans un party et j'avais ENFIN trouvé la perle rare! Nous nous sommes fréquentés quelques mois et vous devinez la suite? Josée et Jocelyn se sont fiancés et le mariage a eu lieu en juin de l'année suivante. On est en amour ou on ne l'est pas!

Dans ce cas-ci, je pense que les choses n'ont pas été différentes. Tout est allé très vite. Jocelyn, âgé de huit ans de plus que moi, ressentait la même urgence de se caser, je pense. Il travaillait dans une usine à Bécancour, sur le quart de nuit. Il trouvait ce rythme de vie difficile et j'étais compréhensive. Nous avons cohabité et en l'espace de quelques mois, j'ai préparé notre mariage à peu près seule, quoique j'aie eu beaucoup d'aide de sa belle-mère, Roxanne. Mais lui me faisait confiance. J'ai suivi les conseils de ma gentille organisatrice. Quand on n'a jamais rêvé ou imaginé un mariage, on n'a aucune idée de ce que l'on veut. Alors on se laisse porter par les idées des autres. Ce fut mon cas.

Je ne veux pas renier ce que j'ai fait, ni comment je l'ai fait. Mais c'est quand même fou de songer que j'ai préparé un mariage alors que je n'avais jamais rêvé de me marier. Une grosse noce de 300 personnes dont je ne connaissais pas la moitié des invités. Des centres de table, des petits cadeaux. C'était un très beau mariage… même si je savais, en entrant dans l'église ce 3 juin 1995, que ce n'était pas pour la vie. Ma petite voix intérieure, que je n'écoutais pas encore à l'époque, murmurait que ce n'était pas lui, l'homme. Mais il était trop tard pour reculer.

Je savais que notre relation n'était pas solide. Je vais peser mes mots par crainte de représailles. Mais mon

mari est devenu un tout autre homme, qui sortait beaucoup et rentrait tard… La situation a empiré jusqu'à un
soir de début juin de l'année suivante, où j'ai compris
que je m'étais trompée et qu'il y avait un point de
non-retour.

Il était 23 h 30. Jocelyn est rentré éméché d'un bar
de Trois-Rivières, à bord de sa jeep dont les haut-
parleurs crachaient très fort leur musique tonitruante.
Moi, je revenais d'un merveilleux spectacle de Holly
Cole au Festival international de jazz de Montréal.
J'étais encore sur mon nuage. Jocelyn semblait très agité.
Il rapportait une poutine et a sorti la bouteille de ketchup. Au moment où il a voulu ouvrir la bouteille
neuve, il a dû la secouer vivement et le bouchon s'est
cassé. Il y avait du ketchup partout dans la cuisine. J'ai
été prise d'un fou rire. Je riais très fort. C'est vrai que le
moment était comique. Combien de personnes auraient
maugréé à la vue d'un tel dégât ! Pas moi, je trouvais ça
drôle et tant pis, on va nettoyer tout ça.

Jocelyn, pour une raison que je ne m'explique
toujours pas, n'a pas trouvé ça drôle, lui. En plein fou
rire, quand je me suis relevé la tête, je l'ai soudain
aperçu : il était rendu dans ma face, avec un regard des
plus agressifs. Non, il n'entendait pas à rire du tout. Il
m'a alors dit, les dents serrées : « La fermes-tu, ta
gueule ? »

J'ai fermé ma gueule. J'ai aussi fermé mon cœur.
Ce soir-là, j'ai mis un terme à ce mariage. J'avais
tellement entendu d'histoires de femmes violentées
prises dans un cercle infernal, sans recours et incapables
d'en sortir. Je ne prétends pas que Jocelyn en serait

arrivé à me violenter un jour. Mais je n'ai pas pris ce risque. Des indices de sa jalousie et de sa possession à mon égard avaient tôt fait de me mettre la puce à l'oreille et l'esclandre du ketchup a suffi à me convaincre que cet homme n'était pas fait pour moi. En août 1996, nous avons obtenu notre divorce. C'est facile de divorcer quand tu n'as pas d'enfants et si peu de biens matériels. On s'est entendus sur le partage de nos disques préférés.

Cette même année – oui, vous lisez bien –, j'ai commencé à fréquenter Luc, le père éventuel de ma grande fille Chloé. Et cette relation dont je vous ai parlé au chapitre 2 a subi sa propre suite de rebondissements imprévus, et elle s'est soldée par une rupture (voir page 32). Mais notre amitié perdure et j'en suis reconnaissante à la vie pour notre Chloé.

Nous nous sommes connus au boulot et je suis rapidement tombée sous son charme, dois-je vous rappeler. Puis il y a eu la venue de Chloé et, trois ans après, j'entendais dans ma tête ou mon cœur le sempiternel refrain *Il n'est pas pour toi!*

Après la traversée de ce fleuve houleux, ai-je ENFIN trouvé celui que je cherchais? Oui. Vraiment. J'ai trouvé mon amoureux. Mon Louis-Philippe que j'aime depuis maintenant 10 ans. Mon *jackpot*, ma cagnotte. Rien de moins.

Pour la première fois de mon existence, celui que j'aime est entré dans mon cœur tout doucement, presque sur la pointe des pieds. Je n'ai même pas vu mon amitié envers lui se transformer en amour.

J'ai connu Louis-Philippe à la radio en 1999 alors que je coanimais l'émission radiophonique *La Belle et MacLeod* à Énergie Montréal (maintenant NRJ). Il a toujours été le scripteur de Peter. Ils se sont connus à l'École nationale de l'humour et ils travaillent encore ensemble.

Contrairement à mes autres relations qui commençaient à l'horizontale, j'ai d'abord développé une complicité amicale avec Louis-Philippe. Il était gentil, attentionné, respectueux et nous avions un plaisir fou à nous faire rire et à déconner. Bien franchement, je n'avais aucune attirance pour lui et l'idée de me retrouver avec lui ne m'a jamais effleuré l'esprit. Voilà peut-être la clé de notre réussite amoureuse. Je n'étais pas en mode séduction avec Louis-Philippe. Nous nous sommes rapprochés en travaillant alors plus étroitement pour mon spectacle d'humour. (Eh oui ! Dans une autre vie, j'ai fait un *show* de *stand-up* comique.)

Nous avons longuement discuté de nos carences sentimentales et de nos manques amoureux respectifs. Puis un jour, l'évidence nous en a mis plein la vue et nous a surpris tous deux dans l'élan de nos vies. Et nous sommes devenus amoureux dans les règles de l'art, sans coup de foudre ni poudre aux yeux. La vraie affaire, comme dirait l'autre.

Mon cœur était libre depuis quelques mois à peine, mais nous avons commencé à nous fréquenter et ce fut rapidement évident qu'on s'était enfin trouvés. Quel périple fantastique que cette quête amoureuse qui semblait sans fin !

Aujourd'hui, deux petites filles sont nées de notre union. Anabelle et Flavie sont issues d'un amour profond entre deux personnes qui savent tout l'une de l'autre, qui s'aiment, se respectent et s'admirent aussi. Mon partenaire connaît mon cheminement et il ne me juge pas. Il rigole en admettant que je suis une femme d'expérience et que ma vie n'est surtout pas un fleuve tranquille.

J'assume ma vie, mon passé, mes gaffes, les peines que j'ai infligées. J'ai demandé pardon quand l'occasion s'y prêtait, mais surtout, je me suis pardonné le chemin nébuleux que j'ai emprunté, pour vivre pleinement mon bonheur et être en harmonie avec mes choix. En chamboulant ma vie et en y laissant entrer Louis-Philippe, je franchissais un premier pas vers ce qu'il y a de plus merveilleux… je suis devenue ma meilleure amie! ☺

Test de dépendance affective

Voici un test en 25 questions qui vous permettra de vérifier si vous faites partie de cette catégorie de gens. Répondez à chacune par oui ou par non en notant vos réponses dans votre journal intime ou sur une feuille de papier.

1. Avez-vous déjà eu de la difficulté à quitter un amoureux?

2. Quand vous l'avez quitté, cherchez-vous quelqu'un d'autre tout de suite?

3. Avez-vous toujours besoin d'avoir quelqu'un dans votre vie pour vous sentir aimée ?

4. Avez-vous déjà été jalouse d'un partenaire ?

5. Avez-vous déjà quitté un amoureux pour quelqu'un d'autre ?

6. Avez-vous déjà triché votre amoureux ?

7. Avez-vous déjà couché avec quelqu'un que vous n'aimiez pas ?

8. Avez-vous de la difficulté avec la solitude ?

9. Est-ce que vous manipulez ou contrôlez ?

10. Quand vous trouvez un nouvel amoureux, oubliez-vous vos amis (amies) ?

11. Avez-vous déjà consommé plus ou moins de nourriture à la suite d'une peine d'amour ?

12 Estimez-vous que vous devenez vite amoureuse ?

13. Avez-vous déjà eu des pensées suicidaires à l'occasion d'une peine d'amour ?

14. Vous êtes-vous déjà laissé contrôler par la jalousie d'un partenaire ?

15. Êtes-vous déjà restée dans une relation par habitude et non par amour ?

16. Avez-vous peur de l'attachement ou de l'abandon ?

17. Avez-vous déjà ressenti un coup de foudre ?

18. Avez-vous tendance à fuir les difficultés de la vie?

19. Éprouvez-vous le besoin de vous faire aimer par tous?

20. Vous sentez-vous souvent responsable des autres en vous oubliant?

21. Vous sentez-vous coupable lorsque vous prenez votre place?

22. Craignez-vous le rejet?

23. Avez-vous perdu la capacité de ressentir ou d'exprimer vos émotions?

24. Avez-vous déjà dit «je t'aime» à quelqu'un juste pour l'entendre vous l'affirmer en retour?

25. Avez-vous peur d'aimer?

TOTAL de OUI

EXPLICATIONS DU TEST SUR LA DÉPENDANCE AFFECTIVE

Une fois que vous avez répondu à toutes ces questions, additionnez le nombre de OUI et prenez connaissance des résultats.

RÉSULTATS

Si vous avez répondu à trois (3) oui et plus, vous êtes indéniablement dépendante affective.

Si vous répondez à cinq (5) oui et plus, vous êtes une dépendante affective chronique.

Plus vous avez de «oui» dans vos réponses, plus vous avez manqué d'amour, probablement au stade de l'enfance.

Prenez conscience qu'un dépendant affectif peut éprouver plusieurs craintes à l'égard de l'amour des autres : peur du rejet, de l'abandon, de l'attachement, car pour lui, l'amour est associé à une blessure ou à un vide intérieur.

Si vous croyez être une dépendante affective et les résultats le confirment, apprenez à faire grandir l'amour qui vous habite et à rétablir une relation saine dans votre couple.

Il faut vraiment vivre et laisser vivre votre partenaire dans un climat de confiance.

Il y a de l'espoir pour les dépendants affectifs, il s'agit d'apprendre à s'aimer soi-même avant d'aimer autrui et de comprendre que l'amour est un choix et non un besoin. (Le test est extrait de *La Renaissance*: *retrouver l'équilibre intérieur* de Marc Gervais, chez le même éditeur, qu'il m'a offert pour les besoins de mon livre). Marc a été un accompagnateur hors pair dans cette belle aventure d'écriture, je l'en remercie grandement.

Accepter
d'être vulnérable
et se pardonner

CHAPITRE 10

Choisir ses batailles

Vous est-il parfois arrivé de constater que vous vous faites du souci pour rien? Je ne parle pas d'inquiétudes, mais de tracas inutiles qui vous gâchent l'existence.

Des exemples?

Je suis mère de trois enfants. Pendant longtemps, trop longtemps, je ne pouvais tolérer une maison encombrée de jouets. Je ne pouvais quand même pas empêcher mes filles de s'amuser, alors je rangeais les bébelles au fur et à mesure et je devenais désagréable quand elles les ressortaient de leur place de rangement. Les chambres des enfants devaient être à l'ordre aussi — les lits faits, bien sûr. Les coussins du divan m'ont longtemps obsédée. Ils étaient au mauvais endroit et ça me fatiguait sans bon sens.

Puis un jour, j'ai compris que ce grand besoin d'ordre m'empoisonnait la vie. Je devais laisser la famille plus libre, être moins contraignante, lousse, y compris avec moi-même. J'ai choisi mes combats et je me suis fait une thérapie avec ce fameux divan. Même si les coussins tout croches m'agaçaient au plus haut point, je n'y touchais plus. Je m'imposais ce « terrible » désordre. Mine de rien, ça a été difficile… mais j'ai réussi ! J'avais choisi mon combat !

Rester dans sa zone d'inconfort nous rend plus forts et nous permet de nous adapter au changement, car on l'apprivoise par choix. Ça nous fait évoluer, grandir.

Un autre exemple. Les adultes sans enfants peuvent trouver assez insupportable d'en côtoyer plusieurs qui s'amusent dans une même pièce. Les parents, eux, connaissent les éclats de ce brouhaha et s'en accommodent très bien, parfois même sans l'entendre, tant ils en ont l'habitude. En effet, l'humain s'adapte à presque tout, même assez vite. Avec un peu de pratique, quand on est parents, on apprend à distinguer les cris d'enfants qui s'amusent de ceux qui se chicanent et d'autres qui se blessent. Ça s'appelle de la grande adaptation ! On intervient seulement au besoin et on est même capables de poursuivre une discussion entre adultes sans perdre le fil de ses idées.

Combien de fois nous privons-nous de passer du bon temps parce que des tâches ménagères nous attendent ? Les brassées de lavage s'imposent, on doit cuisiner, dresser la table, enfin laver la vaisselle. C'est bien normal de vouloir vivre dans un environnement agréable et bien ordonné, mais à quel point tout cela doit-il être fait sur-le-champ? À quel point cela nuit-il à notre bonheur à cet instant précis?

Trop souvent, nous les femmes avons du mal à déléguer et nous nous retrouvons avec une longue liste de tâches à accomplir. (Le contraire existe aussi. Beaucoup d'hommes sont maniaques du rangement. Excusez la généralisation, messieurs.)

Je me souviens d'une amie qui refusait toute aide de la part de son conjoint parce qu'il ne satisfaisait pas ses critères à elle. Autant pour le bain du bébé et le ménage que pour remplir le lave-vaisselle, il n'était pas à la hauteur. Quelle frustration pour un homme qui veut participer! Et la femme se sent dépassée. Non, décidément, il faut savoir choisir ses combats. Il faut relativiser les choses. Les assiettes ne sont pas placées «de la bonne façon» dans le lave-vaisselle? On s'en accommode!

Les pères d'aujourd'hui sont des papas, pour la plupart, très actifs à la maison. Nous les mères avons une relation très intime avec l'enfant porté pendant neuf mois, mais une fois l'enfant mis au monde, il faut laisser de la place au père. On doit accepter qu'il procède à sa manière, on doit accepter son système personnel. On lui accorde la chance de s'exprimer et de contribuer comme il l'entend. Donner le bain au bébé est la première activité intime que le papa peut vivre avec son poupon. J'ai toujours laissé ce petit moment magique aux papas de mes filles. Ça me donnait le temps de relaxer un peu et c'était un merveilleux prétexte pour que papa prenne sa place... et qu'il établisse un bon contact avec son enfant.

Le perfectionnisme est un couteau à double tranchant. Il faut se méfier de ce besoin de perfection. Pourquoi cherche-t-on tant cette perfection ? Qu'est-ce que cela cache ? Nous avons tous nos limites et nos besoins ne sont pas les mêmes. Dans une famille, il faut trouver un équilibre entre ce qui nous semble insupportable et nos caprices de perfectionniste. Le perfectionnisme prendrait racine chez les gens qui n'auraient pas été à la hauteur des attentes d'un parent dans leur jeune âge. En grandissant, ces gens veulent exceller en tout, mais le sentiment de ne pas en faire assez les hante – du moins, les habite. Le perfectionniste rend souvent son entourage immédiat malheureux, car il est très exigeant. Préservez-vous de cette attitude malsaine qui entraîne souvent des conséquences à éviter. Savoir mettre de l'eau dans son vin et se montrer conciliant est parfois la clé pour soulager les tensions.

Quand je parle de choisir ses combats, je vise d'abord et avant tout la répartition des tâches. Or, cet aspect fonctionne relativement bien dans plusieurs familles de mon entourage. Très jeunes, on a intérêt à habituer les enfants à percevoir les petites tâches comme un jeu, car c'est nous qui plus tard allons en bénéficier. Faire leur lit, ranger leur chambre et apporter leur assiette sur le comptoir après les repas sont des mandats honnêtes, admettons-le. Ce n'est pas au-dessus de leurs forces, surtout si on leur inculque la notion de plaisir sous-jacente. Quel concept simple ! Cela permet à tous de donner un coup de main très apprécié ! Bien franchement, je n'y suis pas parvenue. Mais j'y travaille. J'aurais dû imposer ces petites besognes faciles à mes filles lorsqu'elles étaient en plus bas âge. Je songe notamment à mon ado, qui bougonne toujours lorsque vient le temps de s'exécuter! Ha, ha! Elle sera ravie de lire ceci. Je t'aime, Chloé. Va maintenant t'occuper de la litière du chat!

La sœur d'une amie s'emmerde littéralement la vie avec toutes sortes d'obligations. Tout est toujours compliqué avec Nathalie. On l'invite à souper, cela lui semble une montagne escarpée à escalader. Elle ne sait pas si elle doit accepter. «Il faudra mettre de l'essence dans la voiture, préparer des valises, au moins un sac, pour dormir chez vous.» En effet, elle habite une autre région. Et si sa fille, maintenant majeure, décidait de la visiter? Et si… et si? Ça ne finit jamais. Lentement, des angoisses inutiles ont pris place dans la tête de Nathalie et elle s'isole peu à peu. Pendant ce temps, la vie file et les occasions de croquer dedans se raréfient.

Je ne peux pas juger Nathalie de l'extérieur, d'autant plus que je ne suis guère psychologue. Mais un petit truc tout simple m'a beaucoup aidée à relativiser les choses… deux petits mots qui me font sourire lorsque le désordre de la maison me chicote, mais que je sais que ça peut attendre, puisque mes filles veulent aller jouer au parc. Ils pourraient très bien servir à Nathalie, qui doit mettre de l'essence dans la voiture afin de se rendre à bon port. Ces deux petits mots, les voici: Ouais, pis?

«Ouais, pis?» m'a permis de respirer par le nez à plusieurs reprises. C'est avec «ouais, pis?» que j'accepte le total bordel dans la chambre de mon ado et que je ferme la porte avec un quasi-sourire. C'est avec «ouais, pis?» que je pars rapidement après le souper pour conduire ma deuxième fille à sa pratique de soccer, sans que la cuisine soit complètement à l'ordre. « Ouais, pis ? On ramassera ça au retour. » Mes deux petits mots en font, du chemin. Ils m'ont même aidée à accepter l'imperfection chez la coquette que je suis. Il n'y a pas si longtemps, je ne pouvais envisager d'aller à l'épicerie sans être bien mise, avec aucune mèche rebelle à remarquer. Aujourd'hui, je suis capable d'arriver à l'épicerie encore en sueur de mon entraînement, mais le rose aux joues et fière d'avoir bougé pendant une heure. Ouais, pis ?

Grâce à « ouais, pis ? » je voyage beaucoup plus léger ! J'ai cessé de bourrer mes valises de vêtements que je ne porterai pas… et de chaussures assorties à chaque petit ensemble. J'y vais avec le strict nécessaire et je suis surprise à chaque fois de constater que j'en ai encore trop apporté ! « Ouais, pis ? »

Ce texte comporte trois phrases qui m'accompagnent souvent dans une journée. *Je choisis mes combats. Ouais, pis ?* Et je vous donne la toute dernière qui vient boucler la boucle d'une merveilleuse façon : *Les gens nous remarquent beaucoup moins qu'on pense.* Combien de fois je peux me dire cela et le répéter aux autres ! Je ne les compte plus. À mon neveu Antoine, âgé de 15 ans et qui était gêné de chasser les lézards en Floride, s'estimant trop vieux pour ce genre d'activité. « Antoine, les gens nous remarquent beaucoup moins qu'on pense. » À ma fille qui a passé la journée avec sa camisole à l'envers, l'étiquette témoignant de son étourderie. « Les gens nous remarquent beaucoup moins qu'on pense. » À mon amie Nancy, qui croit avoir pris un verre de trop au barbecue familial. «Les gens nous remarquent beaucoup moins qu'on pense...»

J'ai appris à me détacher de la famille Yvon. «Y vont penser quoi?» Oubliez ce que les autres pensent. Lorsque nous avons une forte estime de soi, nous sommes capables de nous détacher du jugement des autres. Bien sûr, il faut demeurer ouverte, puisque les gens qui nous aiment peuvent aussi nous aider avec leur vision des choses et contribuer à notre évolution à certains égards. Il y a un écart entre subir le jugement d'autrui et recevoir une critique constructive des personnes que nous estimons et qui veulent nous faire avancer par amour. Soyez à l'écoute des gens qui vous aiment et faites attention à ceux et celles qui vous méprisent et vous jugent sans vous connaître réellement. J'ai déjà lu que le jugement est souvent le résultat de notre propre reflet. Les individus qui jugent souffrent sans doute davantage. Ils auraient intérêt à se regarder avant d'évaluer les autres.

La vie est une succession de petits et de grands tracas, entre autres. Pour la savourer pleinement et en toute quiétude, soyez votre meilleure amie. Je vous propose de cheminer en *choisissant vos combats* et de ne jamais oublier que *les gens nous remarquent beaucoup moins qu'on pense*. Vous verrez à quel point c'est facile de sourire en se disant *Ouais, pis?*

Le pardon

Quand j'ai décidé d'écrire ce livre, je me suis lancée à corps perdu sans trop savoir à quoi m'attendre. Mon ami Marc Gervais, un auteur à succès et conférencier d'expérience, m'a dit que c'est le chemin logique pour atteindre le public, celui qui vient me rencontrer à mes conférences comme celui qui m'entend quotidiennement à la radio depuis déjà un quart de siècle.

La démarche m'a semblé assez simple. J'ai décortiqué le contenu de ma conférence et j'y ai ajouté beaucoup de matériel. À l'instar d'un roman, l'histoire écrite comprend beaucoup plus de contenu que celle d'un film racontant pourtant la même histoire. J'ai dû creuser davantage, et j'ose affirmer que je suis généreuse ici, n'usant d'aucun artifice ou faux-fuyant et me montrant des plus honnêtes dans ma démarche.

Au fil de mes pensées, j'ai compris à quel point ma vie n'est pas ordinaire, et surtout à quel point j'ai vécu des expériences enrichissantes. Le passage où je raconte sans pudeur ma vie amoureuse me touche particulièrement. On dit que l'écriture est la meilleure thérapie; je n'en doute pas et j'en suis davantage convaincue après cet exercice.

La section de mes amours passagères m'a permis une bonne prise de conscience. J'ai désamorcé une bombe qui, dans le fond, me pesait. Sans accuser la terre entière pour mes erreurs commises dans le passé, je me suis livrée. Surtout, je me suis pardonnée. Je pense que c'est la clé de mon bonheur. J'ai été une jeune femme volage, une fille facile en quête de tendresse et en manque d'affection. J'ai longtemps refusé de regarder le passé, stoppée par la honte de mes actes lubriques qui faisaient partie d'un processus d'apprentissage. Aujourd'hui, j'assume pleinement mes écarts de conduite de jadis, je fais une croix dessus et je regarde vers l'avant, habitée d'un merveilleux sentiment de légèreté.

Le pardon est un formidable cadeau en soi. Ce détachement émotif nous permet de progresser et de nous épanouir à notre plein potentiel. Je ne peux pas inventer d'histoire de pardon axée sur autrui, puisque j'ai été très chanceuse sur ce plan. Personne ne m'a profondément blessée au point de m'empêcher d'avancer. Seules mes lacunes émotionnelles m'ont modelée de cette façon. En comprenant davantage mes manques, j'ai réussi à devenir la femme que je suis aujourd'hui.

Je me pardonne aussi les nombreuses fois où j'aurais dû faire preuve de plus de patience avec mes filles. C'est mon plus gros défaut. J'étais toute petite et ma mère ne cessait de m'encourager à développer ma patience. Je l'entends encore aujourd'hui… Quand je sens que la moutarde me monte au nez avec l'une de mes filles, je prends rapidement du recul parce que c'est ma seule façon de contenir une agressivité inutile et même néfaste. J'ai appris à contrôler mon impatience ainsi et j'ai aussi appris à demander pardon pour toutes les fois où je n'ai pas été aussi douce que j'aurais dû l'être avec ma progéniture adorée.

Demander pardon, c'est aussi une belle preuve de maturité. Avouer nos torts avec toute la vulnérabilité que cela comporte. Nos enfants ne nous demandent pas d'être parfaits. Ils veulent des gens vrais. En demandant pardon à mes filles, je leur ai appris l'importance de faire preuve d'humilité, car qui n'a jamais fauté? Les erreurs font partie du jeu de la vie. Tout simplement.

Est-ce que vous traînez le poids de certaines peines qu'on vous a faites? Avez-vous de la rancœur? Vous empêche-t-elle d'aller de l'avant? Hélas! Je ne suis pas psy. Je suis Josée, celle qui vous incite à **devenir votre meilleure amie**. La route du pardon est pavée de promesses. Peut-être s'agit-il du passe-partout pour vous ouvrir les portes d'un bonheur véritable? Parfois il suffit de peu pour évacuer un trop-plein de hargne ou de tristesse.

⁓

Exercice de pardon

Écrivez une liste de tous les gens qui vous ont blessée afin de voir si votre cœur s'accroche à une haine non seulement inutile, mais néfaste. Si vous constatez que c'est le cas, faites la paix avec vous-même et pardonnez. Le pardon apporte un détachement émotif. Offrez-vous ce cadeau et soyez votre meilleure amie.

Dressez aussi une liste de tous les gens que vous avez blessés et offrez-vous ce pardon à vous aussi, afin de cheminer dans la paix et le détachement à l'égard du passé. Ne traînez pas votre passé sur vos épaules, vous méritez mieux. Soyez empathique envers vous et pratiquez le pardon.

Être enfin sa meilleure amie !

Chapitre 11

La mission de vie

onnaissez-vous des gens qui ont toujours su ce qu'ils deviendraient plus tard? Ma sœur-amie, Sylvie, a toujours su qu'elle deviendrait professeure. Nous étions petites, au primaire, et déjà nous consacrions nos journées de congé scolaire à jouer à l'école! Moi, je m'amusais bien, sans plus. Sylvie, elle, passait des heures à enseigner diverses matières à ses poupées! Elle y rêvait, son rêve s'est concrétisé. Elle enseigne à plein temps. C'est une chance inouïe de connaître aussi hâtivement sa voie.

Vous souvenez-vous de votre conventum de cinquième secondaire? Vous savez, les retrouvailles des finissants de votre école, 10 ans après avoir complété vos études secondaires? Pour ma part, je me souviens d'avoir été marquée par un fait: pratiquement chaque ami de l'époque s'est réalisé dans un métier ou une profession qui le définissait bien, au temps du secondaire. Annie, surdouée en maths, est devenue chimiste. Jean, féru de nouvelles sportives, est devenu journaliste sportif. Franck était l'élève le plus brillant et il fait carrière comme médecin. Moi, la présidente de la polyvalente, je suis devenue une communicatrice des médias à la fois à la radio et à la télé. Autrement dit, mes camarades de classe ont pu développer leur potentiel en fonction de leurs intérêts. Ils étaient déjà ce qu'ils sont devenus.

On prend souvent des détours, mais il n'en demeure pas moins que notre essence se terre, cachée au fond de nous. Nos talents et nos aptitudes se développent davantage avec le temps, bien sûr. Mais si on réussit à se trouver tôt dans la vie, à se connaître et à savoir ce qui nous allume, on se donne une mission de vie. Cela peut être un truc pour « se trouver », si ce n'est pas déjà fait. Reculez dans le temps. Rappelez-vous ce qui vous faisait vibrer, bien avant que vos goûts et vos valeurs aient été modifiés… parfois à votre insu et en raison de l'influence et de l'opinion des autres.

La mission de vie, c'est ce qui donne un sens à notre existence. C'est ce qui nous éveille, qui suscite notre intérêt. Elle est basée sur nos valeurs et nos convictions profondes.

Personnellement, j'ai toujours aimé être près des gens, leur parler et les écouter. Je le fais à la radio depuis toujours et j'ai compris que mon désir de donner des conférences y est fortement associé. Je vais parler en personne à mon auditoire au lieu de m'adresser à lui par le truchement du micro radiophonique. Voir mon auditoire sera un plus, j'en ai la conviction intime. Être conférencière est en fait le prolongement d'activités professionnelles ancrées en mon for intérieur. J'anticipe donc ce nouveau défi avec enthousiasme.

Quelle est votre mission de vie? Êtes-vous heureuse dans vos accomplissements? Avez-vous le sentiment d'être utile et de laisser votre marque? Exploitez-vous pleinement votre potentiel ou vous sentez-vous à la mauvaise place? J'aime cette expression qui sort de je ne sais où: Être sur son X.

Être sur son X, c'est d'avoir trouvé la meilleure façon de se développer sur le plan professionnel et personnel. Certaines personnes trouveront facilement leur voie professionnelle, mais échoueront du point de vue personnel. Pour d'autres, ce sera le contraire. Quand on réussit à atteindre un bel équilibre entre les deux, on est sur son X. Il y a alors d'excellentes chances de nager dans le bonheur!

Notre mission de vie peut se transformer avec le temps. Plus on avance dans l'existence, plus notre expérience s'approfondit. J'ai commencé mon métier comme journaliste aux sports. J'ai cheminé à titre de communicatrice pendant toutes ces années avec différents mandats. Chaque fois, le but premier était de communiquer. Je sais bien que je ne sauve pas des vies en jasant à la radio. Il n'en demeure pas moins qu'il m'est souvent arrivé de me faire remercier pour le grand bien que j'ai fait à plusieurs personnes. Si vous lisez ces pages, c'est que vous recherchez quelque chose que je pourrais sans doute vous apporter.

Trop de personnes passeront leur vie «à côté de leurs souliers». Elles auront pratiqué un métier sans véritable passion, ou n'auront pas accompli ce dont elles rêvaient. C'est souvent la peur qui nous confine à plus petit que soi. La peur nous scie les jambes et nous empêche de faire un pas en avant. Il y a tellement de bonnes raisons qui nous paralysent et nous tiennent loin de nos rêves. Au risque de me répéter, permettez-moi de vous offrir de nouveau ces quelques paroles que j'applique encore une fois ici :

LA FIERTÉ DIT QUE C'EST IMPOSSIBLE.
L'EXPÉRIENCE DIT QUE C'EST RISQUÉ.
LA RAISON DIT : C'EST INUTILE.
«ESSAIE QUAND MÊME», MURMURE LE CŒUR !

En 2013 j'ai entamé une carrière de conférencière et je couche maintenant sur le papier le contenu des rencontres que j'ai accumulées au fil du temps. J'en profite pour résumer tout ce que j'ai appris jusqu'à présent. Je suis fière d'avoir écouté la petite voix qui murmurait constamment à l'intérieur de moi. Ma mission de vie, c'est de communiquer. Mes amis m'ont encouragée à prendre ce virage dans ma carrière. J'ai besoin de continuer à communiquer et les rencontres que je fais, lors de mes conférences, me remplissent de bons sentiments. C'est d'autant plus valorisant que je crois bien réussir à rendre cette expérience réciproque.

Je veux durer. Je veux faire ma marque. Je veux, humblement, vous imprégner de quelque chose.

Comment allez-vous imprégner les gens? Quelle est votre mission de vie? Qu'est-ce qui vous tient à cœur et vous définit? Quelles sont vos valeurs profondes? Comment voulez-vous faire du bien et vous valoriser en retour?

À une certaine époque, les gens se trouvaient un travail auquel ils consacraient le reste de leur existence. En ce monde moderne, les travailleurs changent en moyenne quatre fois d'employeur au cours de leur vie. On veut améliorer ses conditions de travail, on veut relever de plus grands défis ou encore on se fait remercier, tout simplement.

Si vous avez besoin de sécurité d'emploi, même si ce n'est pas exactement à cela que vous aspiriez, toutes les perspectives demeurent néanmoins envisageables! Il suffit de se valoriser autrement et de trouver sa mission de vie ailleurs! Et si c'était d'aider votre prochain au moyen du bénévolat? Et si c'était de chanter... de faire du théâtre et de divertir un public? Suivre des cours pour s'améliorer dans son propre domaine est aussi une belle option. Soyez votre meilleure amie. Écoutez ce que le cœur murmure. Il a raison, il suffit d'entendre sa voix... il suffit de suivre sa propre voie.

En guise d'au revoir

Comment terminer de belle façon l'écriture d'un livre? Je pense qu'en fait, ça ne se termine jamais. Chaque fois maintenant que la moindre leçon de vie vient colorer ma journée, je pense à ce concept si spécial : Sois ta meilleure amie !

Je ne veux pas nécessairement baigner dans le déni, mais en appliquant ce joli principe, ma vie est devenue plus douce, je me suis acceptée davantage avec mes défauts et j'ai su sublimer mes qualités.

En y pensant bien, je me suis concentrée à remplir ces pages d'amour. J'espère que ça se rendra jusqu'à vous qui avez peut-être, au fil de ces lignes, entrepris de devenir votre propre meilleure amie.

Je veux laisser une trace dans votre cœur et je veux aussi léguer un message inspirant à mes trois filles, Chloé, Anabelle et Flavie. Peut-être qu'elles liront ces écrits un jour, du moins je l'espère.

Je veux leur apprendre, dans l'élan de mes mots, à assumer leurs erreurs tout comme leur maman l'aura fait. Je veux leur apprendre à se pardonner, tout comme moi. Je veux leur apprendre à croquer dans leur vie, à savourer les grands et petits bonheurs, et même si certains moments sont difficiles à affronter, je veux leur apprendre à partager leurs peines en se sentant vivantes et en espérant des jours meilleurs.

J'aimerais que Chloé, Anabelle et Flavie sachent que « demain est un autre jour » lorsqu'elles traverseront une tempête. J'aimerais qu'elles sachent que le meilleur leur convient très bien et qu'elles méritent un amoureux, une amoureuse, qui sait… qui saura les aimer et se passionner littéralement pour elles.

En écrivant ce livre, j'ai réalisé l'inventaire de ma vie et de ce qui me fait vibrer. J'ai compris encore davantage que nous pouvons choisir le bonheur et que la clé, le secret de notre vie, réside en majeure partie dans notre volonté de se choisir et d'être sa meilleure amie. Porter un regard empathique sur soi, un regard rempli d'amour et de tendresse… comme notre meilleure amie, si elle mérite vraiment ce titre, le fait régulièrement pour nous.

Je vous remercie de m'avoir prêté attention, d'avoir parcouru ces lignes, et j'espère vous rencontrer un jour à l'une de mes conférences. D'ici là, soyez votre meilleure amie !

JOSÉE xxx

À propos de l'auteure

JOSÉE BOUDREAULT est originaire du Saguenay – Lac-St-Jean et gravite dans le monde des médias depuis 25 ans. Elle coanime actuellement avec Pierre Pagé *Le matin, tout est possible!* à l'antenne de Rythme FM 105,7, à Montréal. Elle a participé à de nombreuses émissions à la télé dont *Deux filles le matin*, *Sucré salé*, le magazine *Pas si bête que ça!*, *Atomes crochus et Duo*...

À la radio, elle a côtoyé Peter MacLeod et Véronique Cloutier... deux univers complètement opposés et totalement éclatés. Reconnue pour son sens du punch et sa vivacité d'esprit, elle a le don de trouver les mots qui font du bien. Mère de trois filles, animatrice, conférencière et maintenant auteure, la dynamique femme de 45 ans sait que TOUT est possible. *Oser* est sa devise!

Pour communiquer avec l'auteure,

visitez le site :

www.joseeboudreault.com

Ce que la vie m'a appris...

Quand est venu le temps de penser à ce concept de meilleure amie, j'ai écrit un courriel général à mes plus proches amis en leur demandant de compléter la phrase suivante :

Moi, (nom et âge), ce que la vie m'a appris...

Cet exercice m'a permis de recevoir les écrits et réflexions de gens que j'aime profondément et de saisir à quel point chacune de ces personnes enrichit ma vie.

Je vous les présente et vous propose de compléter aussi cette phrase et surtout d'effectuer cette démarche avec vos proches. Vous verrez que cela engrange de belles discussions riches en contenu. C'est d'autant plus fantastique de songer que ces pensées vont évoluer avec le temps, sinon changer du tout au tout! Vous verrez donc mieux votre évolution.

Ce que la vie m'a appris....

Moi, Lyne (50 ans), la vie m'a appris...
… à vivre un jour à la fois et à lâcher prise. Je suis
aidante naturelle de ma maman et mes gestes d'amour
envers elle sont autant de fleurs semées dans le cœur
de mes propres enfants.

Ce que la vie m'a appris....

Moi, Martine (50 ans), la vie m'a appris...
… que notre intuition nous trompe rarement
et qu'il faut écouter sa petite voix intérieure.
C'est avec la logique que nous prouvons,
mais avec l'intuition que nous trouvons.

Ce que la vie m'a appris....

Moi, Caroline (44 ans), la vie m'a appris...

… que la persévérance et mon intuition m'ont permis d'accomplir beaucoup, tout en restant sur la voie de mes valeurs... sauf en amour, où j'ai déjà été très persévérante et j'ai souvent oublié mon intuition... Ça me fait du bien de croire que j'ai appris maintenant !

Moi, Priscilla (42 ans), la vie m'a appris...

… à chercher l'équilibre dans tout et à rendre mon bonheur autonome. Et je m'applique à demeurer très active physiquement… Cela fait justement partie de mon équilibre.

Ce que la vie m'a appris....

Moi, Sylvie, 47 ans, la vie m'a appris...
...qu'il faut profiter de chaque occasion, apprécier le moment présent, que le bonheur se trouve dans les petites choses et qu'il ne faut rien tenir pour acquis.

Moi, Paul (50 ans), la vie m'a appris...
... qu'il faut se trouver « un feu d'artifice » par jour.

Ce que la vie m'a appris....

Moi, Johanne (53 ans), la vie m'a appris...
… qu'il faut la prendre avec un grain de sel pour l'aspect professionnel et mettre ses énergies dans l'essentiel : la famille élargie et le personnel.

Moi, Barbara (44 ans), la vie m'a appris...
… à m'arrêter pour apprécier les petites choses de la vie. Avant je passais tout simplement à côté de pleins de petits moments de bonheur... Aussi, je me donne maintenant le droit de ne pas savoir et de m'accepter comme je suis en cessant de m'en faire. Être gentille et plaire aux autres... oui, toujours... mais la priorité... ME PLAIRE À MOI ! C'est ce qu'on appelle, selon ma définition, grandir en beauté.

Ce que la vie m'a appris....

Moi, Carolyne (41 ans), la vie m'a appris…

… qu'elle est courte et qu'il faut en profiter…
et surtout APPRÉCIER les petits bonheurs simples
de la vie. C'est là que se trouve le vrai bonheur. La vie
m'a appris à savoir dire merci, car malheureusement,
tout ça ne tient qu'à un fil. Apprécier, savourer,
s'émerveiller, c'est ce qui rend la vie plus belle…

Moi, Josée (43 ans), la vie m'a appris…

… à ne pas me « taire », à ne pas tolérer une situation
dans laquelle je suis inconfortable et qui nuit à mon
équilibre, à mon bonheur. Sans être égoïste, j'ai appris
à penser plus à moi, à me respecter.

– Josée, 2ᵉ à partir de la gauche –